AF330600

SOCIÉTÉ FRANCO-JAPONAISE DE PARIS

# MUTSU-HITO

# L'EMPEREUR DU MEIJI

## (3 NOVEMBRE 1852 — 30 JUILLET 1912)

PAR

## M. Edme ARCAMBEAU

BIBLIOTHÉCAIRE

DE LA SOCIÉTÉ FRANCO-JAPONAISE DE PARIS

*Extrait du* Bulletin N° XXVI-VII. — *Juin-Septembre 1912.*

PARIS

BIBLIOTHÈQUE DE LA SOCIÉTÉ

59, Avenue du Bois-de-Boulogne, 59

(Musée d'Ennery)

1912

SOCIÉTÉ FRANCO-JAPONAISE DE PARIS

# MUTSU-HITO

# L'EMPEREUR DU MEIJI

## (3 NOVEMBRE 1852 — 30 JUILLET 1912)

PAR

M. Edme ARCAMBEAU

BIBLIOTHÉCAIRE

DE LA SOCIÉTÉ FRANCO-JAPONAISE DE PARIS

*Extrait du* Bulletin Nº XXVI-VII. — *Juin-Septembre 1912.*

PARIS

BIBLIOTHÈQUE DE LA SOCIÉTÉ

59, Avenue du Bois-de-Boulogne, 59

(Musée d'Ennery)

—

1912

# MUTSU-HITO

## L'EMPEREUR DU MEIJI

### (3 novembre 1852 — 30 juillet 1912)

---

> Matsurigoto
> Ide te kikuma wa
> Kakubakari
> Atsuki hi narito
> Omowa zarishiwo.
>
> Alors que j'écoute
> Les affaires de l'État,
> Je ne pense pas,
> Tout plein d'elles, aussi forte
> L'ardente chaleur du jour.



## I

Il a vécu, l'Empereur Mutsu-Hito, dont, selon la respectueuse coutume japonaise, le nom aura été si peu prononcé au Japon au cours de son long et beau règne que nombreux sont, nous affirment les Japonais eux-mêmes, ceux d'entre eux qui ne connaissent cet illustre souverain que sous les divers vocables de dignité couramment usités en parlant du *Mikado* (*Auguste Porte*, suivant le plus grand nombre, *Grande Place*, d'après quelques autres), titre qui, dans l'Empire du Soleil Levant ne se rencontre qu'en poésie et lors de solennités considérables.

Il a vécu. Et maintenant, Mutsu-Hito, pour lui appliquer dans toute la grandeur de sa simplicité cette occidentale marque d'honneur qui aux yeux nippons a, au contraire, une allure de pure irrévérence, Mutsu-Hito s'est effacé devant Meiji Tennô. Empereur défunt, il devait porter en attendant son *okurina* (nom posthume sous lequel il passe dans l'Histoire), l'appellation arrêtée pour tout mikado ou mieux tennô, et aujourd'hui consacrée par lui, de *Taiko Tennô* (*Empereur de Haute Conduite*). Il ne l'aura portée, cette appellation honorifique, que quinze jours. Dans leurs regrets, dans leur reconnaissance, mus aussi par un orgueil national, au demeurant, fort juste, tous ses sujets lui avaient, dès la première minute, spontanément décerné comme okurina ce nom bien gagné, bien mérité de *Meiji Tennô (Empereur du Meiji)*. Les personnalités officiellement chargées de lui conférer le nom posthume d'usage n'ont pas cru pouvoir lui en trouver un plus honorable, malgré la valeur de plusieurs autres mis en avant, et leur choix, en communion complète avec le choix intime de tous, n'a pas voulu se faire attendre. C'est ainsi qu'un mois avant ses funérailles, l'Empereur Mutsu-Hito devenait Meiji Tennô (Empereur du Meiji).

Il a vécu, ce conducteur d'hommes qui a apparu à tout notre Occident, passant de nos jours en ce monde tout enveloppé de mystère, dans ce lointain, de nécessité, bleuâtrement mystérieux lui-même.

Il a vécu, ce restaurateur d'empire dont l'âme de bon poète harmonieux a, entre mille et mille notes aussi justement appréciées, lancé ces trente et une syllabes, ce *tanka* mis en épigraphe, strophe chère au Japon qui sait y peindre si à l'aise, si poétiquement, si ouverte à la fantaisie du commentaire du lecteur ou de l'auditeur, une pensée, ou délicate ou énergique, ce que nous ne saurions guère tenter avec pareil bonheur en nos langues autrement définies.

Et lui ravi avec une soudaineté inattendue de tous, s'est, le 30 juillet dernier, en sa quarante-cinquième année, close la glorieuse ère du *Meiji (Ere de Clarté)* qui par sa durée est le plus long des *nengô* (ères), depuis leur établissement au Japon en 645 de notre ère et qui a tenu, certes, personne au monde ne cherche à en moindrement douter, beaucoup plus encore que ne promettait son nom, appelé ainsi à l'honneur insigne, unique, de servir d'okurina au fondateur du Japon moderne, qui a été, non point vraisemblablement, mais véritablement l'âme de cette ère, quelque remarquables qu'aient été ses collaborateurs dont l'œuvre n'est aucunement pour cela rabaissée, pense tout Japonais.

En recevant le 30 juillet même, à une heure du matin, dix-sept minutes seulement après la mort de Meiji Tennô, deux des trois attributs sacrés de la souveraineté japonaise, le *Tsurugi (épée)* et le *Maga Tama (Collier de pierres recourbées)*, le *Kagami (Miroir)* ne quittant pas pour cette fois le Sanctuaire Impérial, Sa Majesté Yoshi-Hito, que son auguste père a entendu préparer à gouverner par une forte éducation où, au dire de tous ceux qui ont eu à l'approcher, se marient sans se contrarier vertus extrême-orientales et qualités occidentales, a ouvert à son tour une nouvelle ère. C'est le *Taishô (Ere de pure Droiture)* que son second caractère permet de lire également *Taisei*, ce qu'ont fait d'ailleurs au début force personnes, et que l'on a essayé de rendre par ces autres variantes moins précises d'après les commentaires japonais : ère des bonnes œuvres, ère d'équité.

Ce nengô nouveau voit se dérouler devant lui une route singulièrement aplanie, singulièrement débarrassée et de ses pierres et de ses ronces par son laborieux et minutieux devancier auquel la solide constitution quasi proverbiale de l'Empereur défunt pouvait aisément faire espérer de doubler, de laisser même assez loin derrière lui le demi-siècle, le nengô, à partir de la Restauration de 1868, ne devant plus s'éteindre qu'avec le règne, alors qu'avant, un événement quelconque, heureux ou malheureux, provoquait souvent le *kaigen* (*changement d'ère*) que de la sorte, à des moments, il est vrai, fort agités, deux empereurs ont vu jusqu'à huit fois, l'un, de 1319 à 1338, en dix-neuf ans, l'autre, en trente-six, de 1429 à 1465.

C'est à moins de soixante ans que meurt, « d'une vulgaire néphrite, écrit M. Balet dans l'*Illustration*, compliquée d'un diabète négligé et de lésions cardiaques », cent-vingt-deuxième monarque de l'Empire du Soleil Levant et descendant à la soixante-huitième génération du Jimmu Tennô des annales japonaises, celui qui serait toujours resté, en dépit de tout autre okurina qui eût pu lui être conféré, dans la mémoire de tous les Japonais l'Empereur du Meiji (Meiji Tennô) et que partout l'impartiale Histoire continuera certainement à regarder avec sympathie, avec gratitude, le mot, quelque fort qu'il puisse paraître, n'est pas de trop, comme une des figures souveraines les plus curieuses sous tous les rapports, comme un des plus vigilants pionniers couronnés qui, pour le bien de leurs peuples et, partant, indirectement, de l'humanité, auront passé sur la terre.


## II


Le 10 juillet, l'Empereur se rendait encore à l'Université Impériale de Tôkyô pour y honorer de sa présence, suivant en cela son habitude, preuve manifeste de l'intérêt qu'il portait également à la culture intellectuelle de son Empire, pour y honorer de sa présence la cérémonie de la collation des grades. En le rappelant non sans émotion, à l'annonce subite de la maladie du souverain, l'important organe qu'est le *Jiji* note que, sur le passage impérial aussi bien que dans la salle, on avait cru pouvoir se féliciter de voir Sa Majesté respirer la santé.

Cinq jours plus tard, le lundi 15, se tenait au Palais, dans la matinée, une réunion spéciale du Conseil Privé d'une importance qui ne devait échapper à personne. Elle avait lieu en vue de permettre au Premier, M. le Marquis Saionji et au Ministre des Affaires Étrangères, M. le Vicomte Uchida, rapporte le *Mainichi*, autre grande feuille de la Capitale, d'entretenir l'Empereur des négociations pendantes avec la Russie au sujet de la Chine et, de plus, de l'état des relations entre le Japon et les autres Puissances, Sa Majesté ne se retirait, ajoute le même journal, qu'à onze heures et demie, à l'issue de la séance.

Or, c'est la veille de ce dernier événement, c'est-à-dire, le dimanche 14, que s'est trouvé indisposé assez suffisamment pour y prêter quelque attention l'Empereur Mutsu-Hito. Le lendemain, soit le jour même de la réunion du Conseil Privé, il éprouvait de fortes envies de dormir. C'est ce que nous apprend le premier Bulletin officiel publié le samedi matin 20 à dix heures et demie, bulletin qui mentionne aussi que le 18 la perte de l'appétit et la tendance au sommeil causaient de l'inquiétude par leur accentuation et que le vendredi-soir 19, l'auguste malade était en proie à une violente fièvre. Les Princes de la Maison Impériale alors en villégiature étaient rappelés d'urgence à Tôkyô. Sa Majesté l'Empereur actuel, alité lui-même à ce moment, ne devait se rendre en personne que le jeudi 25 auprès de son père. Les journaux du 21 relatent que depuis les premiers jours du mois le monarque ne se sentait déjà pas très bien ; peu à peu on rappelle que dès 1904 Sa Majesté Mutsu-Hito avait du diabète. Dans ces conditions, ne peut-on se demander avec le *Jiji* si le développement rapide du mal n'est pas dû en majeure partie à ce constant souci du devoir à scrupuleusement remplir ? Le tanka choisi comme épigraphe et quantité d'autres, poétiques notes quotidiennes, constituant en quelque sorte un journal qui délassait son impérial auteur, nous prouvent surabondamment que Meiji Tennô entendait être jusqu'au bout, dans toute l'acception du terme, l'esclave de ce devoir. Et il est mort, il est tombé stoïquement, impérialement, japonaisement, victime de ce grand culte.

Durant les dix jours que le Japon a pu suivre la maladie de son Meiji Tennô, quelles angoisses il a ressenties ! quelles lueurs d'espérance l'ont traversé ! Comme ces minutes nous font comprendre la profondeur de vérité de ce nom de *pater familias* qu'avec cette pointe d'incrédulité de l'incompréhension nous ne cessions d'entendre les Japonais donner si naturellement devant nous à leurs tennô:

Un témoin français des scènes qui se sont alors déroulées aux portes du Palais Impérial, M. J. C. Balet, vieux japonisant souventes fois si peu japonophile, nous brosse sobrement dans l'*Illustration* du 24 août ce saisissant tableau :

« Sans transition, la Capitale, le pays tout entier devint comme une antichambre de mourant où l'on parle bas, où l'on pleure. Plus de *Samisen*, de rires, de banquets. Les affaires elles-mêmes furent arrêtées. Aujourd'hui, après le dénouement, malgré l'avènement du nouvel empereur, une tristesse mortelle plane sur toutes choses. Le noir étant devenu la couleur du deuil, sur les cheveux des fillettes, sur la poitrine des femmes, on ne voit plus que des rubans noirs ; et le dernier des boys d'hôtel se croirait déshonoré s'il ne portait un crêpe autour du bras. » Dans sa note ordinaire de sceptique, le correspondant de l'*Illustration* ajoute : « Un instant, on put se faire illusion. Une immense auto-suggestion s'était emparée de la nation prostrée devant les dieux. On fut certain de leur faire violence. Le vieux général Nogi lui-même le clamait avec une confiance de militaire habitué à la victoire. Autour du Palais, près de la Porte de *Nijû Bashi (Double Pont)*, ce fut une débauche de prostrations et de prières. »

Cette ferveur religieuse déployée par ce peuple en une telle heure tragique, pour employer le mot de plus d'une feuille française, n'est assurément point la chose la moins significative pour notre Occident que ses voyageurs au Japon avaient en leurs écrits, sur la foi même de certaines autorités japonaises, accoutumé à considérer les insulaires du lointain archipel nippon comme présentement assez dégagés de toute idée de religion.

Retranscrivons d'après les communications des agences européennes ce que fut le spectacle que l'un de nos organes de Paris baptise de *Scènes étranges à Tôkyô* :

« Lundi, dans le jour naissant, l'immense foule qui avait passé la nuit à prier à genoux aux abords du Palais, se dispersa peu à peu pour se rendre à ses affaires. Néanmoins toute la journée de lundi des groupes considérables stationnaient près de l'entrée du Palais, quoique le thermomètre marquât 33 degrès centigrades. La tristesse régnait dans la ville, dans l'attente des nouvelles, à mesure que les éditions successives des journaux signalaient le déclin croissant du souverain. Les groupes qui étaient assemblés autour du Palais se renforcèrent peu à peu dans la soirée de groupes plus nombreux, si bien que lorsque la nuit survint la foule était compacte. Un détachement de la garde impériale dut venir renforcer la police et les gendarmes pour maintenir libres les entrées du Palais. A l'horizon blanc, comme fond de décor, se pressaient les murailles massives qui servent de soutènements, d'arcs-boutants et de protection à la colline sur laquelle se dresse le Palais. De la triple arche du Pont de *Nijû Bashi* jaillissaient des flots de lumière, pendant que les globes électriques de la porte *Sakashita* inondaient le premier plan de lumière éclairant les milliers et les milliers de têtes de la foule se pressant jusque contre les barrières de fer du fossé qui entoure le Palais Impérial. On voyait des groupes de prêtres réciter devant des autels provisoires des prières que répétaient les assistants. Des domestiques éventaient les ecclésiastiques qui officiaient. Des centaines de gens, ayant chacun sa lanterne japonaise allumée et posée sur le sol devant lui, étaient à genoux prosternés, mains jointes, le front par terre, et sur les confins de la foule, des milliers restaient tête nue dans l'attente silencieuse. On apercevait une ligne de feux mouvants rouges et jaunes, espacés de 15 mètres en 15 mètres qui était formée des lanternes que la police agitait pendant le passage des voitures et des pousse-pousse des fonctionnaires, des nobles, des diplomates et des notables qui se rendaient au Palais pour prendre des nouvelles. De temps à autre on voyait arriver des religieuses ou un ascète qui venaient prendre position dans la foule pour se livrer à des exercices de dévotion et de pénitence des plus remarquables. Par exemple, telle femme, jambes nues, assise à l'orientale et croisant ses bras sur sa poitrine, maintenait en équilibre sur ses coudes et sur ses genoux des bougies allumées sans cesser de prier avec ferveur. Toutes les sectes religieuses étaient représentées. Certains membres de ces sectes, la tête inclinée sur la poitrine, formaient le cercle, d'autres marchaient de long en large, en priant tout le temps, et s'arrêtant de moment en moment pour faire des génuflexions dans la direction de la chambre de l'Empereur dont la situation était marquée par une lanterne qui se balançait au haut d'une perche très haute.

« On cite le cas de plusieurs jeunes filles qui ont fait couper tous leurs cheveux pour les offrir sur les autels afin d'obtenir du Ciel la guérison de l'Empereur. Certains hommes avaient déposé sur les autels une prière signée de leur sang. On dit qu'à Yukinoshita trois cents personnes se sont plongées chaque matin dans la mer pendant la maladie du souverain afin de se purifier pour aller passer ensuite de nombreuses heures à prier auprès des autels. On voyait dans la foule des vieilles femmes, le visage couvert de rides, approcher, en poussant des cris, près du Palais, puis s'évanouir sous le coup de l'émotion. Une vieille femme de 90 ans, qui allait chaque jour prier pour l'Empereur à un autel, tomba d'une congestion causée par l'ardeur du soleil. Un couple âgé est resté six jours et six nuits à genoux près des grilles du Palais ; la police a dû l'enlever de force. On remarquait dans la foule de nombreux soldats debout, tête nue, la poitrine couverte de médailles, qui priaient sans cesse. Parmi la foule on apercevait des vétérans des anciennes guerres, des invalides qui s'approchaient du Palais le plus possible et qui se redressaient plus que l'âge et les blessures ne le leur permettaient et faisaient le salut militaire.

« Le recueillement le plus profond régnait. Les gens les plus rapprochés du Palais se relevaient silencieusement après être restés prosternés en priant et cédaient leurs places à d'autres qui continuaient à prier à voix basse. Ce chuchotement de plus de cent mille personnes ressemblait au bruit du vent soufflant sur la mer.

« Enfin le bruit de la mort commença à circuler : bientôt il était confirmé par l'arrivée de fonctionnaires et de notables en habits de deuil qui avaient été informés par téléphone. Comme le nombre ne faisait qu'augmenter, les gens éteignirent successivement leurs lanternes et restèrent prosternés et absorbés par leurs prières dans la nuit. Ils se relevèrent peu à peu lentement, silencieusement, pour regagner leurs maisons. Déjà, bien que le jour ne fût pas encore près de se lever, on vendait dans les rues des éditions des journaux annonçant la mort du plus grand empereur que le Japon ait jamais eu. »

Et ce veilleur du Palais qui se suicide en vieux Samuraï pour racheter la vie de son Empereur ! Et ces pêcheurs, ces humbles, qui s'en viennent de loin à pied offrir à Meiji Tennô leur pauvre pêche qui, dans leur naïf amour, pourra sans doute leur conserver leur Père ! Et ces écolières en prière et ces pompiers qu'une autre carte postale nous montre priant avec non moins d'ardeur ! Et combien d'autres faits de loyalisme sincère restés ignorés dans cette « antichambre de mourant » qu'a été alors l'Empire du Soleil Levant tout entier, pour rappeler encore une fois la saisissante image toute vraie de M. J. C. Balet !

On avait pensé un moment que l'Empereur pourrait encore passer la nuit. A onze heures pourtant une violente crise le prenait. On rappelait alors d'urgence les personnalités qui s'étaient retirées vers dix heures, car on avait l'impression que c'était bien la fin, cette fois.

Mutsu-Hito s'éteignait le 30 juillet à minuit 43.


## III


« La vie de l'Empereur Mutsu-Hito, dit dans son édition hebdomadaire du 1er août, la *Japan Chronicle*, est l'anneau qui soude l'Ancien Japon au Nouveau, l'âge du féodalisme et du gouvernement médiéval à l'âge de la Lumière et du Progrès. L'Empereur Mutsu-Hito a commencé son long règne prospère à la façon de ceux qui avaient occupé le trône avant lui. Il vient de déposer le sceptre comme premier monarque constitutionnel du Japon, bien mieux, d'Asie. »

Il est né le 3 novembre 1852, et en souvenir de son glorieux passage, son anniversaire de naissance continuera d'être une fête nationale. Le 27 juillet 1860, il était reconnu Prince Héritier. La mort de son père, l'Empereur Komei, l'appelait bientôt à régner.

M. le Vicomte Suyematsu, dans son intéressant ouvrage : le *Soleil Levé*, que sa traductrice française intitule timidement : l'*Empire du Soleil Levant*, lui retirant ainsi le sel de son à-propos, nous donne sur l'enfance de Sa Majesté défunte de certains détails que viennent corroborer d'autres.

Il fut confié aux soins de la famille d'un noble de la Cour et on exprima le désir qu'il fût élevé plutôt à la dure. Enfant, il aima passionnément les chevaux de bois et l'on cite à ce sujet plus d'une anecdote charmante. Il en garda toute sa vie l'amour du cheval et

M. le Vicomte Suyematsu écrit : « Il est un des meilleurs cavaliers de l'Empire ». Un de ses délassements favoris était d'inviter de nombreux cavaliers militaires et civils à exercer dans les jardins impériaux leur talent d'écuyer. L'éducation martiale à laquelle il a été soumis, sans que l'on négligeât pour cela la culture de l'esprit, suivant la méthode ancienne, a eu pour conséquence d'en faire un homme de volonté non seulement dans la conduite de ses actes publics, mais aussi dans la direction de sa vie privée. Au cours de cette étude nous aurons plus d'une fois l'occasion de constater l'heureux résultat de la manière dont il a été élevé tant au point de vue de l'âme qu'à celui du corps. Ici nous nous contenterons de reproduire la page que voici de M. le Vicomte Suyematsu qui de par ses fonctions publiques a pu approcher du souverain :

« Il a, je le répète, un esprit élevé et une ferme volonté, mais il n'est cependant pas porté à vouloir qu'on lui donne raison à tout prix, ou que l'opinion des autres disparaisse devant la sienne, car il sait concilier les demandes de l'opinion publique avec les exigences de l'Etat. D'autre part, il ne se soumet point à la clameur populaire ou à une pression quelconque, quand il estime qu'une concession ne servirait pas les intérêts primordiaux du pays.

« Pendant le jour, depuis le matin de bonne heure jusqu'à la fin de l'après-midi, l'Empereur se tient toujours dans un appartement appelé le bureau où il s'occupe des affaires publiques. Il connaît en détail les affaires des différents départements, tout particulièrement de ceux de la guerre et de la marine. Il arrive parfois qu'un ministre nouvellement nommé soit déconcerté par les questions que lui pose l'Empereur, questions qui prouvent une connaissance minutieuse et détaillée du travail de chaque département. Il ne donne jamais son approbation à un document, à une ordonnance impériale sans les avoir lus ; au contraire, après les avoir soigneusement examinés, il dira : « Que veut dire ceci ? » — « La clause de cette ordonnance n'est-elle pas contradictoire avec celle de tel ou tel décret ? »

« La plupart des journaux du pays arrivent à la Cour et sont attentivement lus. L'Empereur parcourt personnellement plusieurs d'entre eux, de sorte qu'il n'y a guère d'événements dont il ne soit informé ; mais il ne se laisse pas alarmer ou induire en erreur par une simple nouvelle à sensation. On affirme que l'Empereur étonne quelquefois les fonctionnaires de l'Etat par sa connaissance étendue des moindres rumeurs ainsi que des menus faits qui surviennent dans le peuple. Il va sans dire aussi qu'il prend le plus vif intérêt à tout ce qui se passe dans les grands pays du monde ; son seul désir est de prendre des leçons des nations civilisées, de façon à ce que l'Etat qu'il gouverne puisse, comme elles, progresser et acquérir de nouvelles lumières ».

Il y a dans ce même chapitre un autre passage fort juste que nous ne saurions passer sous silence, tant les événements en ont vérifié l'exactitude. C'est celui-ci :

« Ayant appris à connaître la nature humaine dans le monde entier, je ne puis pas dire, bien entendu, que notre Empereur n'ait pas de sympathies et d'antipathies personnelles ; mais c'est un trait significatif de son caractère que nous ne voyions jamais à aucun signe que de tels sentiments aient influencé les actes de Sa Majesté. Si l'intérêt de l'Etat l'exige, il ne permet pas à ses préventions pour ou contre une personne d'influencer sa détermination dans le choix ou dans le rejet d'un homme d'Etat comme ministre ou conseiller. En un mot, il comprend parfaitement le rôle d'un monarque constitutionnel. Il n'y a pas de favoris, hommes ou femmes, à qui il permette de s'immiscer dans les affaires de l'Etat. Et l'attitude de Sa Majesté sur ce point est si bien comprise que pas un personnage, quelque haut placé qu'il soit, ou quelle que puisse être l'estime où le tient le Souverain, n'oserait profiter de ses relations personnelles à la Cour pour se mêler des affaires nationales ».

Tel a été, rapidement esquissé, l'homme qui a conduit son pays au point où il est aujourd'hui.

Faut-il rappeler les grandes étapes franchies avec ce conducteur ?

C'est en 1867, à moins de quinze ans, que Mutsu-Hito succède à son père enlevé prématurément. La Restauration se prépare. L'année 1868 la voit s'accomplir. Trois ans plus tard, les *daïmyo*, qui ont d'abord été nommés gouverneurs de leurs fiefs, sont relevés : ainsi s'éteint complètement le féodalisme. L'illustre Saïgo tente en 1877 son mouvement insurrectionnel non contre le souverain, mais contre les hommes au pouvoir. Il tombe, mais son nom demeure honoré et l'Empereur se montre généreux dans la répression. Le Japon poursuit ensuite dans le silence son développement. En 1889, la Constitution voit le jour, octroyée librement par le souverain et l'année suivante s'ouvre la première diète. A la guerre avec la Chine en 1894-1895, vont s'ajouter la coopération avec les Européens pour la répression du mouvement Boxer en Chine en 1900 et cette fameuse campagne russo-japonaise. Le Japon en sort grandi. A son archipel il adjoint Formose, puis la Corée et la partie méridionale de Sakhaline. Port-Arthur et la Mandchourie du Sud lui assurent une voix dans tout règlement de la question chinoise. Son armée, sa marine n'ont pas été seules chez lui à prendre de l'essor. Toutes les œuvres qui naissent de la paix s'y développent à côté d'elles et poussent non moins vigoureuses. Sa Croix Rouge, sortie d'une pensée de fraternité, lors de la révolte de Saïgo, est une des premières du monde ; sa marine marchande ne pâlit pas auprès de celle des autres nations : aux deux Conférences de La Haye, ses délégués ne restent pas ignorés. Ne sont-ce pas là des fleurons suffisants pour une noble couronne ?

IV

« La passion de l'Empereur pour la poésie est telle, nous dit M. Basil Hall Chamberlain dans son précieux ouvrage de *Things Japanese*, qu'il consacre une partie de chaque soirée à faire des vers ». En neuf ans, nous apprend encore le même auteur, de 1893 à 1901, Mutsu-Hito n'a pas composé moins de vingt-sept mille poèmes de trente et une syllabes. Et remarquons que la période dont parle M. Chamberlain est assurément, au point de vue politique, une de celles qui ont le plus absorbé le souverain. Dans la biographie que trace l'un des meilleurs journaux de langue anglaise paraissant au Japon, le *Japan Times*, nous lisons : « Feu l'Empereur aimait passionnément faire des vers, partageant en cela encore un goût favori de Sa Majesté l'Impératrice douairière. Parfois il a écrit jusqu'à cinquante tanka en une seule journée. Ses productions poétiques, si elles étaient recueillies, formeraient un volume énorme ». N'est-ce point là une indéniable preuve de l'étonnante puissance de travail dont était capable ce curieux monarque ? N'oublions pas non plus de rappeler que chaque année un concours de *tanka* avait lieu sous les auspices de l'Empereur sur un sujet déterminé, que tout Japonais y pouvait prendre part et qu'en janvier on proclamait solennellement les heureux lauréats, souvent bien humbles, dont les strophes, écrites sur shikishi ou tanjaku (papiers épais bordés et parfois partiellement pointillés d'or de certains formats prescrits et sur cartons), avaient été distinguées parmi des milliers venues de tous les coins de l'Empire par le O-uta-dokoro ou *Waka dokoro* (Bureau Impérial de Poésie). C'est encore là une tradition que voudra certainement suivre le nouvel Empereur qui sait, lui aussi, ciseler le tanka et qui, ne se contentant point, comme son illustre prédécesseur, de la pure forme japonaise, cultive également la poésie chinoise.

Les journaux japonais ne pouvaient manquer d'honorer la mémoire de Mutsu-Hito en reproduisant plus ou moins de ces stances, simples notes où il se plaisait à jeter harmonieusement au jour le jour ses pensées d'homme et surtout de conducteur d'hommes.

Tirons à notre tour de leurs gerbes une poignée d'épis. Ils serviront peut-être à nous faire mieux connaître l'homme et le souverain et sans doute à les mieux estimer, s'ils ne nous peuvent faire goûter à sa valeur le poète et dans ses rythmes et dans le choix de ses mots, car on ne saurait demander à une traduction de vers autre chose que l'idée, idée, de plus, bien difficile à rendre la plupart du temps, lorsqu'il s'agit de langues si différentes, de mentalités si peu semblables.

Voici donc notre glane de strophes impériales, transcrites en caractères romains en dépit de la double lecture fréquente des caractères originaux, et disposées, selon la règle générale, en cinq vers de 5, 7, 5, 7 et 7 syllabes, les tanka se rencontrant, pour obéir à l'œil, d'après les dimensions ou la place disponible de la feuille, parfois donnés en quatre lignes de 5, 12, 7 et 7 syllabes, plutôt en deux de 17 et 14 syllabes, même en une seule, offrant d'affilée les 31 syllabes.

Yomo no umi
Mina harakara to
Omoo yo ni
Nado namikaze no
Tachi sawagu ran.

« Tandis que nous considérons comme frères tous ceux de l'Océan de ce monde, pourquoi des vents et des vagues nous troublent-ils ? »

Yorokobi wo
Ii kawashi tsutsu
Kuniguni no
Osamaru toki ni
Oozo ureshiki..

« En échangeant les souhaits de plaisir, quelle joie de rencontrer tous les pays en paix ! »

Okitsunami
Yorikuru fune mo
Toshidoshini
Kazu soo yo koso
Tanoshi karikere.

« Que je suis heureux de voir que le nombre des navires qui viennent toucher à nos bords augmente d'année en année! »

Chiyorozu no
Tami to tomo nimo
Tanoshimu ni
Masu tanoshimi wa
Araji tozo omoo.

« Ma pensée est qu'il ne saurait y avoir de plus grande joie pour moi que de partager un plaisir avec tous mes sujets. »

Natsu no yo mo
Nezame gachinizo
Akashi keru
Yonotame omoo
Koto ooku shite.

« Ayant, dans l'intérêt de mes sujets, fort à songer, j'ai passé la nuit d'été en me réveillant bien souvent. »

Kora wa mina
Ikusa no niwa ni
Ide hate te
Okina ya hitori
Yamada moru ran.

« Tous les fils sont partis pour les champs de bataille et les vieillards seuls restent pour les champs. »

Kunitami no
Chikara no kagiri
Tsukusu koso
Waga hinoamoto no
Katame nari kere.

« Tous les efforts du peuple sortis de son cœur, voilà la défense de notre patrie ! »

Shizunoo ga
Hitori hikiyuku
Oguruma no
Omoni no uye ni
Tsumoru yuki kana.

« Alors que le pauvre ouvrier pousse tout seul sa charrette, quelle neige tombe sans pitié sur sa charge déjà pourtant si lourde. »

Mado no uchi ni
Uchiwa tori temo
Atsuki hi ni
Teruhi wo ukete
Ogusa karu miyu.

« Par cette journée de chaleur insupportable, même à l'ombre de la fenêtre, là-bas je vois des gens couper de l'herbe sous le soleil aveuglant. »

Omoni hiku
Kuruma no oto zo
Kikoe keru
Teruhi no atsusa
Tae gataki hi ni.

« Voici que j'entends les bruits des charrettes pesamment chargées, au jour même où la chaleur d'un aveuglant soleil est insupportable. »

Inazu ma wo
Hikishi hokage mo
Miyuru kana
Agata no sato mo
Toshi ni hirake te.

« Maintenant, de par la civilisation, voici que je vois davantage d'année en année, dans toutes nos préfectures l'étincelle électrique. »

Ama no shita
Nigioo yo koso
Tanoshi kere
Yama no oku made
Michi no hirake te.

« Quel bonheur de voir mon pays tellement prospérer que les routes courent jusqu'au cœur des montagnes ! »

Yama no oku
Shima no hate made
Tazune min
Yo ni shirare zaru
Hito mo ari yato.

« Cherchons jusqu'au cœur des montagnes, comme jusqu'au bout des îles, si des hommes capables restent encore inconnus. »

Utsusemi no
Yo wa yasuraka ni
Osamarinu
Ware wo tasukuru
Omi no chikara ni.

« Mon règne goûte la pàix, grâce aux efforts de mes sujets qui m'aiment. »

Agata mori
Kokoro zukushi no
Hodo miete
Waraya no kemuri
Tachi masari keri.

« Grâce aux efforts des gouverneurs, de plus en plus fortes s'élèvent les fumées des chaumières, révélant ainsi le bien-être des habitants. »

Itsukushi to
Mede no amari ni
Nadeshiko no
Niwa no oshie wo
Yurugase ni suna.

« Tout en choyant trop vos enfants par amour paternel, n'allez pas négliger l'éducation dans vos familles. »

Tarachine no
Niwa no oshie wa
Seba keredo
Hiroki yo ni tatsu
Motoi to wa nare.

« Toute restreinte qu'est l'éducation de la famille, c'est la base qui élève en ce monde si vaste. »

Yononaka no
Hito ni okure wo
Torinu beshi
Susuman toki ni
Susuma zari seba,

« On sera en arrière des autres, si l'on ne marche pas au jour
que l'on doit marcher. »

Omookoto
Tsukuroo koto mo
Mada shiranu
Osanagokoro no
Utsukushiki kana.

« Que c'est beau la pureté du cœur des enfants qui ignorent
même encore de masquer leurs désirs ! »

Amadari ni
Kubomishi noki no
Ishi mite mo
Kataki waza tote
Omoi sute meya.

« En voyant sous le larmier du toit une pierre creusée par la
goutte de pluie, n'abandonnons point notre tâche, quelque dure
qu'elle soit. »

Kachidoki no
Hibiki ni tsukete
Muragimo no
Kokoro tayumuna
Waga ikusabito.

« Sous les bruits des hourras de triomphe, ne prodiguez point
mes guerriers. »

Hito wa tada
Makoto no michi wo
Mamoranan
Takaki iyashiki
Shina wa aritomo.

« Gardons seulement la voie de la sincérité, quelque hauts ou
bas que soient les rangs ! »

Yoshi ashiwo
Hito no uye niwa
Iinagara
Miwo kayeri miru
Hito nakari keri.

« Tout en critiquant bien et mal les autres, il n'y a personne qui
fasse retour sur soi-même. »

Kuni no tame
Taoreshi hito wo
Oshimu nimo
Omoo wa oya no
Kokoro nari keri.

« Tandis que je pleure silencieusement ceux qui sont tombés pour leur patrie, je m'arrête pour me demander : Qu'éprouvent leurs pères et leurs mères ? »

Hashi-i shite
Tsuki miru hodo mo
Tatakai no
Niwa no arisama
Omoi yari tsutsu.

« Tandis qu'assis à mon balcon, je contemple la lune aux brillants rayons, mes pensées se portent bien loin, à l'endroit où la bataille fait rage. »

Masurao ni
Hata wo sazukete
Omoo kana
Hinomoto no na wo
Kagayakasu beku.

« Quand de ma main confiante le drapeau est remis à mes hommes fidèles, mon cœur s'élève : Le Soleil Levant lui apportera sûrement la Renommée et la Lumière. »

Shizuka ni mo
Yo wa osamarite
Yorokobi no
Sakazuki agen
Toki zo mataruru.

« Oh ! ce temps où les joies de la paix rempliront à nouveau un monde paisible ! Alors, je lèverai bien haut ma coupe. Oh ! ce temps-là, que j'y aspire ! »

Tsubamono no
Kate mo magusa mo
Hakoburan
Ushi mo ikusa no
Michi ni tsukayete.

« Des vivres pour mes hommes et du fourrage pour leurs montures. En tirant de bon cœur leur char, les bœufs eux-mêmes servent à la guerre. »

Kuni no tame
Furuishi fude no
Inochi-ge no
Ato koso nokore
Yorozu yo made ni.

« Les traces laissées par les barbes des pinceaux maniés par des mains patriotes dureront mille et mille ans sans cesse admirées et remémorées. »

Inishiye no
Fumi miru tabi ni
Omoo kana
Ono ga osamaru
Kuni wa ikani to.

« Toutes les fois que j'ouvre les anciens livres, le seul objet de ma méditation est : Que devient le peuple que je gouverne? »

« Cette dernière poésie, dit M. le Vicomte Suyematsu qui nous a fourni ces sept derniers tanka et leurs traductions, fut composée par Sa Majesté il y a plusieurs années. Elle donne une juste idée de son rôle de vrai souverain. Qu'un livre parle d'un gouvernement prospère, fécond en bons exemples, il constitue tout naturellement pour un souverain un guide excellent à suivre. Si, au contraire, il parle d'un mauvais gouvernement, ou de la misère d'un peuple due à la négligence d'un souverain, il donne une leçon négative au souverain qui le lit et dont le devoir est de veiller au bien-être de ses sujets. Ainsi l'Empereur songe au peuple qu'il gouverne, toutes les fois qu'il étudie un livre du temps passé. »

Ne songeait-il pas encore à ce bien-être du peuple, quand, sur son lit de mort, il demandait que ce peuple surtout n'interrompît pas ses affaires et ses plaisirs, afin que les humbles qui vivent de ces affaires et de ces plaisirs ne souffrissent point à cause de lui ?

Nous avons de l'Empereur Marc-Aurèle des *Maximes* et des *Réflexions* écrites, elles aussi, au jour le jour. On s'est plu à nous lier en gerbes des observations de Napoléon. Est-ce que les notes poétiques de Mutsu-Hito feraient mauvaise figure à côté des unes et des autres ? Assurément non. Il serait donc désirable, il serait donc bon que les Japonais recueillissent à leur tour tout au moins les plus belles, les plus humaines des pensées impériales serties en odelettes, et que l'un d'eux, à défaut d'un Occidental peu préparé pour une telle entreprise, nous en donnât dans une de nos langues européennes une version aussi exacte, aussi claire, aussi serrée que possible, ce qui, reconnaissons-le sincèrement, n'est point du tout aisé.

Puisse, malgré tout, ce vœu se voir un jour réalisé !

## V

M<sup>me</sup> Akiko Yosano, la poétesse, créatrice et rénovatrice de formes et de rythmes, que la plupart de ses compatriotes d'aujourd'hui regardent comme peut-être leur première muse féminine, se sentit accablée par la disparition soudaine du grand Empereur-Poète et, de Paris, son âme déchirée chanta.

Voici trois de ses larmes :

> Niwaka nimo
> Higashi no sora no
> Kakikuzure
> Amatsuhi no naki
> Nageki suru kana.

« Soudain, de nuages confus, le ciel oriental se charge. Sans soleil, quels soupirs poussés ! »

> Sabakari mo
> Medetaki mikado
> Owashikeru
> Yo mo kono hi yori
> Inishie to naru.

« L'heureux règne du mikado auguste, c'est aujourd'hui du passé ! »

> Oogimi no
> Hate no idemashi
> Mikuruma no
> Oto dani chikaku
> Kikamashi mono o.

« Que j'eusse voulu que de la dernière sortie de l'auguste Empereur pût même seulement m'arriver le bruit de la voiture ! »

Après ces vers d'une ineffable harmonie où, si peu que l'on ait l'habitude d'entendre des sons japonais, on sent s'exhaler la douleur, écoutons ce qu'un autre Japonais dit dans une lettre intime adressée de Paris aussi, en français elle, à un de ses amis de même promotion :

« Le loyalisme que notre peuple a fait éclater en cette douloureuse circonstance, je ne vous le cache point, a dépassé même, par ce que nous en savons ici, ce que je pouvais imaginer. C'est là, suivant moi, qu'il faut aller demander la véritable cause de l'heureuse issue de nos deux guerres du Meiji. »

Un de nos bons amis du Japon qui a passé plusieurs années

parmi nous, nous écrit non moins intimement, en français, pareillement :

« Je suis profondément touché des sentiments que vous avez bien voulu m'exprimer, ainsi que M^{me} Arcambeau, sur la perte douloureuse que mon pays vient d'éprouver par la mort de notre bien-aimé Souverain.

« Le défunt Empereur était aimé de notre nation comme un père, de même qu'il a aimé de tout cœur son pays et ses peuples. Il fut le plus grand des souverains du Japon. C'est sous son règne que la Restauration s'est accomplie et que le Japon a commencé à faire cause commune avec les pays occidentaux, dans l'intérêt de l'humanité. Bénis par Dieu et grâce à la personnalité supérieure du défunt Empereur, nous avons pu voir l'essor d'aujourd'hui et nous avons rempli une grande tâche civilisatrice. Aussi ne saurions-nous être trop attristés de cette douloureuse perte. Ce que nous devons faire pour répondre à ses intentions bienveillantes, c'est de travailler de notre mieux en bons sujets du pays qu'il a tant aimé et de contribuer ainsi le plus possible au bien du monde tout entier. »

Ces délicats soupirs si simples et si sincères de M^{me} Yosano, ces fragments de deux lettres que nous nous sommes permis de transcrire, l'auteur et le destinataire de la première et l'auteur de la seconde nous le pardonneront, en sentant pourquoi nous n'avons pas su leur garder le secret, ce sont là vraiment les pensées intimes de tous les Japonais d'aujourd'hui et de demain; du plus élevé au plus humble. Il nous a semblé que le caractère tout personnel, tout privé de ces lignes avait, pour nous résumer fidèlement, l'opinion de tout le pays, bien plus de poids encore que des coupures de journaux nationaux où la plupart d'entre nous ne consentent jamais à voir une impression dégagée de tout apprêt, une véritable traduction de l'âme de la nation.

Pas n'est besoin d'ajouter que la presse entière de l'Empire du Soleil Levant ne tarit point sur Mutsu-Hito, rappelant ses qualités, publiques et privées, ses vertus, son immense amour du peuple, le comparant aux plus illustres monarques non seulement du pays, mais de l'étranger. Et la presse du monde, par l'ensemble de ses articles, a tenu à lui donner raison, pleinement raison.

## VI

Il est une page française que nous nous en voudrions de ne point reproduire ici, avant de consigner les jugements, nous pourrions plutôt dire, presque, le jugement unanime et, cette fois, impartial de la presse de France sur cette grande figure souveraine envers le pays de qui elle a depuis dix ans montré tant d'injustes préventions sentimentalement étroites dont même, malheureusement, à l'heure qu'il est, malgré la nouvelle face toute compréhensible des relations russo-japonaises, elle ne semble pas encore entièrement revenue. Cette page, c'est celle, si dégagée, elle, de toute subjectivité, si justement pensée, si clairement écrite que dès 1910 nous donnait sur l'Empereur Mutsu-Hito M. le Marquis de La Mazelière au début du cinquième volume de son œuvre magistrale : *Le Japon. Histoire et Civilisation.*

Cette saine et belle page, la voici :

« Lafcadio Hearn raconte qu'ayant demandé à ses élèves d'exprimer dans une composition de style leur désir le plus cher, il reçut de tous la même réponse : Mourir pour notre Empereur.

« Toutes les lois, toutes les institutions japonaises n'ont qu'un fondement : l'autorité du Fils du Ciel. En accordant à ses sujets une constitution, le tennô n'a pris d'engagement qu'envers sa conscience et ses divins aïeux. Bien plus, la morale et la religion ont elles-mêmes pour fondement sa volonté souveraine. Dans toutes les écoles on lit aux enfants le rescrit impérial sur l'éducation : ce sera leur méditation et leur prière. Un célèbre homme d'Etat français, interrogeant un professeur japonais sur la morale civique, qui remplace dans les écoles japonaises l'enseignement religieux interdit, lui demandait quelle base on donnait à cette morale, le professeur lui répondit : la volonté de l'Empereur.

« Le culte du mikado s'étant confondu avec celui de Mutsu-Hito, qui occupe le trône depuis plus de quarante ans, nous essaierons de porter un jugement sur son caractère. La tâche est malaisée : à l'époque des grands événements que nous venons de raconter, c'était un enfant de quinze ans qui, élevé dans le *gosho* (Palais) ne connaissait rien que le gosho. Homme fait, quoiqu'il ait exercé jusqu'en 1890 un pouvoir sans contrôle, et que depuis lors il se soit réservé dans la Constitution le droit de gouverner comme celui de régner, Mutsu-Hito s'est toujours volontairement effacé derrière ses ministres ; il leur laisse la pleine responsabilité de leurs actes et ses discours officiels ne semblent exprimer que leur pensée. Pareille réserve de la part du souverain est conforme à la tradition japonaise : shogun, kambaku, daïmyô étaient considérés comme trop haut placés pour s'occuper directement de l'administration ; quant à l'Empereur, dont le nom ne doit jamais être prononcé, dont le titre même l'est rarement, sa personne est trop sacrée pour qu'on le mêle à aucune discussion.

« Cependant, il est impossible d'étudier l'histoire du Japon dans l'ère du Meiji sans reconnaître que l'influence de Mutsu-Hito y a été considérable, on pourrait presque dire prépondérante. Sans doute un souverain mérite déjà l'admiration s'il comprend le

génie d'un homme d'Etat et le soutient contre tous, comme
Louis XIII l'a fait pour Richelieu, Guillaume I<sup>er</sup> pour Bismarck et
Victor-Emmanuel pour Cavour, mais à aucune période de l'histoire
moderne du Japon n'apparaît une personnalité prédominante ;
toujours nous y rencontrons des hommes remarquables par leur
intelligence et leur énergie, mais toujours ces hommes sont en
conflit ; dans la première période du nouveau régime, leurs luttes
sont même si ardentes qu'eux ou leurs alliés ne reculent ni devant
la révolte, ni devant l'assassinat. Qui donc, sinon l'Empereur, a
imprimé à la politique générale cette continuité que nous admi-
rons ? Qui a su maintenir l'équilibre entre les résistances des
réactionnaires adorateurs du passé et les violences des révolution-
naires désireux de tout détruire ? entre les tendances nationalistes
et celles des imitateurs serviles de l'Europe ? entre les aspirations
des partisans du régime autocratique et celles des démagogues ?
Qui a su concilier si heureusement les diplomates désireux de
plaire à l'Europe, les militaires ardents à provoquer des conflits,
les financiers et les hommes d'affaires préoccupés uniquement
des intérêts économiques ? La principale qualité de l'Empereur
Mutsu-Hito semble être celle-là même qu'on pourrait appeler la
qualité essentielle d'un souverain : choisir avec discernement
l'homme le plus apte à une mission déterminée et s'en remettre
complètement à lui du succès de cette mission. Aussi, même en
s'efforçant de satisfaire tous ses conseillers éminents, d'accorder
leurs tendances opposées, l'Empereur a-t-il, dans chaque période
de son règne, particulièrement écouté l'un ou l'autre d'entre eux :
au début, il subissait l'influence de Sanjô et d'Okubo, dont les
qualités opposées se compensaient avantageusement, puis il
rechercha de préférence les avis d'Ito ; depuis quelques années
Katsura semble tenir le premier rang dans les conseils de son
maître. Peut-être, pourrait-on aller plus loin et reconnaître en
partie dans le développement de la politique japonaise des quarante
dernières années le développement même du caractère de Mutsu-
Hito. Jeune, il fut sympathique à la Révolution, parce que la chute
de l'ancien régime le faisait souverain maître et qu'il souhaitait
de se rendre populaire en se montrant libéral ; plus tard, quand il
comprit que la Révolution menaçait son trône même et qu'il chercha
sa force et sa gloire dans de grandes victoires, quand il se fut
associé son peuple dans le gouvernement en lui accordant une
constitution, il résolut de fortifier son autorité en s'inspirant tout
à la fois des vieilles traditions japonaises et des principes auto-
cratiques de l'empire allemand.

« Dans l'ensemble, Mutsu-Hito nous apparaît comme un grand
souverain. Toujours levé avant l'aube, indifférent aux plaisirs, sa
vie est celle d'un sage ; il n'a pas d'autre pensée que le souci de
son empire et le bien de son peuple. Ce qu'il est, l'esprit même du
tennô le révèle. De taille moyenne, plutôt mince autrefois, alourdi

quelque peu maintenant par l'âge et la vie sédentaire, le front et
le menton volontaires, les yeux réfléchis, il apparaît comme un
homme sûr de lui, conscient de son origine céleste et de ses droits
souverains, ayant la foi que les succès continus de son règne
glorieux entre tous sont dus à la protection et aux vertus de ses
divins ancêtres ».

## VII

« Quelle fut, se demande M. J. C. Balet, dans l'*Illustration*, la
valeur personnelle de l'Empereur Mutsu-Hito? » Et le correspondant averti, mais plus japonisant que japonophile de notre grand
illustré répond : « Tout le monde se pose cette question et personne n'est à même d'y répondre. Dans les milieux officiels indi-
gènes et étrangers, il est convenu de le comparer, non seulement
pour le bonheur de son règne, mais pour ses qualités personnelles
aux plus grands rois de l'histoire. Je n'ai pas les données suffisantes
pour contrôler un si gros jugement. Ceux qui l'ont connu dans
l'intimité ne diront jamais leur opinion. D'ailleurs, eux aussi, ont
subi la loi des rites ; leur admiration était facile et leur louange
était forcée. C'est aux admirables vertus du souverain, paraît-il,
qu'est due la victoire des armes japonaises. Il doit en être ainsi du
reste. En réalité, un souverain placé dans les conditions où était
celui-ci n'avait qu'une manière d'être grand, c'était de laisser faire
les homme sages qui l'avaient remis sur le trône et refaisaient la
patrie autour de l'idée impériale. Mutsu-Hito sut s'effacer juste au
point voulu et c'est énorme pour un autocrate divin. Il sut être
bon, très bon et c'est le plus bel éloge.

« En fait, son règne demeurera l'un des plus extraordinaires de
l'histoire mondiale. Et le rare bonheur qui a suivi tous les déve-
loppements de ce jeune empire est dû, sinon à l'Empereur en tant
qu'agent direct, du moins à l'Empereur en tant que parfait représentant d'une puissante incarnation de toutes les énergies et de
tous les orgueils d'une race ».

Ceux qui ont été à même de suivre M. J. C. Balet à travers sa
vie de japonisant et de journaliste reconnaîtront qu'il ne pouvait
guère formuler autre jugement. On sent même, en somme, qu'en
dépit des réserves que lui dictent le scepticisme et certaines
autres raisons de son parti pris non encore disparu, il abonde dans
le sens de M. le Marquis de La Mazelière.

L'*Echo de Chine*, cette feuille française de Shanghaï qui s'intitule : *Journal des Intérêts Français en Extrême-Orient*, devait
forcément émettre une opinion dans les mêmes termes que
M. Balet. Après avoir brossé un tableau du Japon moderne où le

rédacteur, M. G. Sabard intercale le célèbre Rescrit Impérial du 30 octobre 1890, sur l'Education, l'*Echo de Chine* dit :

« L'Empereur qui vient de mourir a vu l'évolution complète de son pays. Il l'a vu en quelques années se transformer avec une rapidité qui fait encore l'étonnement du monde. Son règne marquera dans l'histoire du Japon.

« Comme nous le disions en commençant, quelle a été sa part dans cette œuvre colossale et sans précédent ? Il est assez difficile de le préciser. Mais il sut indubitablement s'entourer d'hommes de haute valeur, tous animés du même zèle, du même amour de leur patrie, de la même confiance en ses destinées. »

Au lendemain même de la mort de l'Empereur, la veille où M. G. Sabard donnait son article à l'*Echo de Chine*, une autre feuille de laugue française d'Extrême-Orient le *Journal de Pékin*, disait avec une pointe d'émotion :

« C'est avec tristesse que le monde entier a appris la nouvelle de la mort de S. M. Mutsu-Hito. Le Japon tout entier avec ses dépendances est aujourd'hui en deuil. L'Empereur qu'il perd fut et restera l'un des plus grands du Pays du Soleil Levant ; son règne aura vu naître une ère nouvelle, la plus féconde, la plus glorieuse aussi, celle qui marquera dans les annales de l'histoire d'Extrême-Orient, comme le point de départ du nouveau Japon. »

L'un des organes de la presse anglo-saxonne de Chine, *The China Press*, conclut son étude sur le règne de l'Empereur Mutsu-Hito en disant qu'à la Chine, qui est dans une période critique, le Japon devrait servir d'exemple. « Le grand facteur du succès du règne de feu l'Empereur Mutsu-Hito fut le loyalisme de son peuple. »

*The Shanghaï Mercury* constate qu'aucun autre pays n'a jamais donné pareil spectacle ni enregistré de si grands et si rapides succès.

Les feuilles anglo-chinoises si prévenues, en général, contre le Japon, depuis le traité de Portsmouth ont retrouvé devant le lit de mort impérial un peu de leur ancienne impartialité envers l'Empire du Soleil Levant. Souhaitons que ce regain d'impartialité dure, car, que de fois l'archipel extrême-oriental ne nous apparaît à nous autres Français ou Européens qu'à travers le prisme intéressé de cette presse anglo-saxonne de Chine !

La presse française, que la guerre russo-japonaise, en la stupéfiant de toutes façons, devait rendre aussitôt, par un simple sentiment chevaleresque quelque peu exagéré que les Japonais ont su dès le début excuser, si opiniâtrement injuste envers eux, ne s'est pas montrée moins en veine d'impartialité. Puisse-t-elle ne plus retomber, elle non plus, dans ces longs errements dont en somme elle ne retire pour elle et partant pour tout le pays que du ridicule, pour le moins.

« C'est un grand, très grand souverain qui vient de mourir. Il n'est peut-être pas, dans l'histoire des peuples, d'exemple d'un bouleversement comparable à celui qui, sous la conduite du mikado défunt, secoua le Japon. »

Et M. Maxime Vuillaume ajoute encore dans l'*Aurore* du 31 juillet :

« En quarante ans, le Japon s'est placé au premier rang des grandes nations qui avaient déjà derrière elles, au moment de sa transformation, des siècles de civilisation et de gloire. Les victoires japonaises sont trop près de nous pour que nous ayons besoin de les rappeler. Ces petits hommes au teint de bistre sont de valeureux soldats. Leurs chefs ne le cèdent en rien aux grands capitaines qui ont illustré les champs de bataille du monde. Leur marine peut tenir tête aux escadres les plus réputées. Le Japon a, comme les pays d'Occident, ses arsenaux, ses grandes usines métallurgiques. Son industrie commence à envoyer ses produits sur nos marchés européens. Tout cela serait de peu de curiosité, si, comme nous le rappelions plus haut, tout n'avait été fait en si peu de temps. »

Un autre organe radical, le *Rappel*, s'exprime ainsi :

« Après les quarante-cinq ans du règne de Mutso-Hito, l'Empire du Soleil Levant est devenu une puissance qui compte et avec laquelle il faut compter en effet ; il a figure de pays constitutionnel, il a marqué son rang, l'un des premiers, parmi les nations les plus intelligemment ouvertes à la civilisation, les mieux outillées scientifiquement, les plus fortement gouvernées, s'imposant par le labeur, par la sagesse avisée, par la victoire. Tout doit être admiré des actes de ce règne, le plus grand de l'histoire du Japon. »

Le *Petit Parisien*, qui ne s'étend jamais bien longuement sur les questions d'ordre politique, dit de son côté, après avoir résumé, lui aussi, l'essor nippon :

« Ces brillants succès ont fait du « *petit Japon* » une puissance de tout premier ordre, la première puissance d'Extrême-Orient et la rivale des États-Unis pour la domination du Pacifique. On peut dire que ce développement surprenant, accompagné d'une évolution tout aussi importante dans l'ordre économique, a été en grande partie l'œuvre du souverain qui vient de disparaître et qui apparaît ainsi comme l'un des plus remaquables, non-seulement de cette époque, mais de tous les temps. »

Ce n'est pas autrement que parle le *Figaro*.

Dans son numéro du 30 juillet, on lit sous la signature de M. A. Fitz Maurice :

« C'est assurément le plus grand souverain de notre temps qui vient de disparaître, car nul autre, pas même le premier empereur allemand, n'a accompli une œuvre pareille à la sienne.... Quarante-cinq ans lui ont suffi pour transformer complètement le Japon et pour le placer *presque* au même rang que les nations qui tiennent la tête de la civilisation européenne. »

Et après avoir esquissé l'œuvre impériale, M. A. Fitz Maurice finit ainsi :

« Il a donné à son peuple une administration et des finances, si bien que le Japon, nouveau venu dans le concert des nations, jouit dès à présent sur les marchés financiers d'un crédit envié.

« Ce qu'il a fait est sans précédent dans l'histoire.

« N'avions-nous pas raison de dire que Mutsu-Hito a été le plus grand souverain de notre époque ? »

C'est dans le même sens qu'abonde dans le *Gil Blas* du même jour M. Henri Chervet qui intitule, lui, son article : *Une Grande Figure disparaît.* Il y dit :

« C'est la seule volonté impériale du mikado qui, du jour au lendemain, a réveillé de son sommeil séculaire le vieux Japon et qui a fait surgir aux confins de l'Orient cette jeune nation victorieuse. Grâce à lui, elle compte maintenant au premier rang dans le concert international des puissances. »

M. Sax, qui, grâce à son étude du caractère extrême-oriental et à sa connaissance profonde des problèmes de cette partie de notre hémisphère, prévoyait dès 1903 et la guerre russo-japonaise et la marche de cette guerre, écrit dans le *Mémorial Diplomatique* du 4 août :

« Monté jeune sur le trône, l'Empereur Mutsu-Hito eut à lutter contre d'innombrables difficultés et sut triompher de toutes. Les guerres intestines, une situation financière qui fut, au début, des plus précaires, ne l'empêchèrent pas de poursuivre aveec une énergie et une résolution inébranlables, l'accomplissement du programme qu'il s'était tracé et qu'il réalisa tout entier. Avant lui, le Japon ne comptait pas dans le concert des nations. Grâce à lui, ce pays est devenu un des facteurs les plus puissants de la politique mondiale.

« Sans doute, il eut des collaborateurs, les hommes éminents qui, avec lui, préparèrent et firent aboutir le nouveau régime. Mais dans toutes les circonstances graves, ce fut la volonté de l'Empereur qui fournit la décision nécessaire, et cette volonté et cette décision s'exercèrent toujours dans le sens le plus utile et le plus rationnel. Il ne faut pas oublier, d'ailleurs, une autre collaboration : celle du peuple japonais tout entier qui se lança, avec un dévouement absolu, dans les nouvelles voies qu'on lui traçait. Nous ne saurions comparer l'esprit de sacrifice de ce peuple qu'à celui de la France de 1792. De sorte que l'Empereur Mutsu-Hito nous apparaît, en définitive, comme un Frédéric-le-Grand qui aurait été servi par l'enthousiasme de la Révolution Française. Encore faut-il se rappeler que si le souverain japonais fut, comme le roi de Prusse, un lettré fin et délicat, il n'eut pas la bonne fortune de trouver à son avènement, un trésor bien rempli et une armée bien préparée. Il dut créer tout cela lui-même et construire de toutes pièces le nouvel édifice. On sait quelle ténacité, quelle vision claire des choses il fallut pour arriver à ce résultat. »

Un *Vieux Japonais*, dont nous croyons pouvoir démêler la haute personnalité tout européenne en rapprochant son article de plusieurs autres japonophilement vécus parus également dans le *Gaulois* sous son nom véritable, écrit dans le numéro du 30 juillet du grand organe conservateur :

« La mort de Mutsu-Hito ne frappera point l'imagination des foules. Ce nom sonore et clair ne représente rien de tangible à notre vieille Europe. Souverain lointain, souverain mystérieux, le Mikado n'est jamais sorti de sa retraite, et c'est dans l'indifférence que s'éteint sa vie terrestre. Aucune vie, pourtant, ne fut plus dense, plus lourde de faits et d'idées. Le prince qui vient de mourir a présidé à la naissance d'un grand peuple. Il est arrivé au trône adolescent, moins jeune que Louis XIV. Il meurt plus jeune que lui. Et pourtant entre ces deux dates, celle de son avènement et celle de sa mort, une formidable transformation s'est préparée, engagée, poursuivie, terminée. Nulle mort n'est plus digne d'éveiller les méditations où les vivants se plaisent autour des tombeaux ».

Et après une page colorée du travail opéré par Mutsu-Hito et le Japon en moins d'un demi-siècle, notre *Vieux Japonais* conclut :

« A ce prodigieux changement, surprenant par son ampleur comme par sa rapidité, le nom de Mutsu-Hito demeurera attaché. Il aura connu, au seuil de la vie, cette bataille d'Osaka, où il dut imposer la reconnaissance de son autorité aux grands vassaux soulevés et, au terme de son règne, l'union nationale du Japon, obéissant unanime à ses ordres. Il a présidé à cette Révolution, car de quel autre mot la nommer ? avec une discrétion laborieuse, suivant tout, veillant à tout, participant aux travaux administratifs et aux travaux militaires, ne se montrant guère aux regards de ses sujets, prince lointain et agissant à la fois, prince de légende et de réalité !

« C'est un très grand règne qui finit. L'histoire dira s'il en fut de plus grand. Inclinons-nous, sans devancer son jugement, devant le prix moral de cette vie, faite de conscience, de labeur et de succès, au service d'un peuple qui, plus qu'aucun autre, a donné depuis un demi-siècle, des leçons de patriotisme, d'abnégation et de fierté ».

Journaux radicaux et feuilles conservatrices se sont rencontrés pour reconnaître le rôle joué par Mutsu-Hito dans l'évolution japonaise. M. de Lanessan qui, en maintes circonstances a su rendre justice au Japon au moment même de la guerre russo-japonaise, semble cette fois se laisser un peu trop entraîner par ses opinions républicaines. Il écrit dans le *Siècle* du 2 août :

« Faut-il lui attribuer le mérite de cette rapide et formidable évolution ? Fut-il l'auteur uniquement responsable des progrès extraordinaires réalisés par le Japon dans tous les domaines, dans celui de la science, comme dans ceux de la politique, de l'administration, de la justice, de l'armée, de la marine, du commerce et de l'industrie ? L'histoire impartiale doit répondre par la négative, tout en affirmant que sous le règne d'un souverain moins intelligent et moins ouvert aux idées occidentales que Mutsu-Hito, l'évolution du peuple et de l'empire japonais eût été sans aucun doute, moins rapide qu'elle ne le fut. »

M. de Lanessan, comme tout autre publiciste européen en cette circonstance, trace le tableau de l'œuvre accomplie par le Japon et il conclut, lui, naturellement :

« Au peuple entier du Japon revient la gloire de tous ces faits, car jamais il n'hésita dans la voie de progrès, de puissance et de gloire que son chef religieux, civil et militaire, aujourd'hui disparu, lui indiquait. Il est devenu grand, parce qu'il a su se gouverner. »

Nous applaudirions des deux mains à cette conclusion si juste en soi de M. de Lanessan, s'il avait su y associer plus intimement celui à qui tout Japonais fait remonter la cause de tout événement heureux pour le Japon, tel Togo à Tsushima.

M. Judet dont l'éloignement pour le Japon est bien connu, écrit dans l'*Eclair* du 31 juillet :

« Tous les journaux et revues de l'univers entier parlent amplement du Mikado qui vient de mourir, sans que le mystère de sa souveraineté, l'originalité de son régime extraordinaire soient connus.

« Tout le monde s'accorde à signaler la coexistence avec son règne de transformations extraordinaires qui, du Japon féodal, semi-barbare et implacablement fermé, vont au Japon civilisé, du moins vainqueur de peuples qui l'avaient devancé dans notre civilisation. L'intérêt qui s'attache à la dernière guerre mandchourienne est loin de s'éteindre et de s'émousser : nous ne nous sommes pas expliqué le saut subit d'une nation qui passait pour négligeable la veille et, en quelques mois, s'impose au premier rang. Rien de plus irritant que cette secousse qui confond nos calculs et nos projets, qui jette un froid sur nos vanités. Elles se demandent où l'évolution du Japon le portera et s'il n'est pas l'adversaire désigné pour le châtiment de l'Europe. Si légers que nous soyons, emportés par nos rapides désirs et nos desseins changeants, nous ne pensons pas à l'Extrême-Orient sans une inquiétude et un frisson.

« Depuis la défaite des Russes, le Japon a eu l'air de s'ouvrir libéralement à ceux dont il avait surpris les secrets et accaparé les méthodes, à notre insu : il ne s'est pas livré davantage. Les livres se multiplient qui racontent son histoire et fouillent les replis de l'âme japonaise. Qui oserait soutenir que nous la pénétrons?

« Et quelle plus étonnante aventure que cette vie d'un empereur qui a présidé aux plus dramatiques événements des temps modernes sans qu'une trace minime de sa puissance sur les hommes, sur l'organisation des affaires, sur la mise en mouvement de la force diplomatique et militaire qui nous a terrifiés comme une explosion volcanique, ou les soudains raz-de-marée des mers tropicales, sans que rien ne soit, je ne dis pas élucidé, mais seulement soupçonné. Nous avons un contact quotidien avec le génie de Napoléon; nous n'ignorons pas Louis XIV; nous savons de Charles-Quint, de Charlemagne, de la reine Elisabeth, de Pierre-le-Grand, des Césars romains, des Attila et des Tamerlan les choses essentielles : ils nous sont familiers par d'innombrables détails pittoresques ou tragiques où leur pensée se révèle, où les raisons de leurs gigantesques succès se devinent et s'ordonnent. A des milliers d'années en arrière, un Rhamsès est moins distant de nous que ne fut le Mikado.

« Il serait absurde de se figurer que le Japon aristocratique tournant au service de la nation ses énergies accumulées dans d'innombrables guerres intestines, assimilant toutes nos inventions et nos progrès en un quart de siècle, s'est construit tout seul, sans qu'un chef compétent et absolu ait décidé sa métamorphose, mené sans révolution et dirigé son expansion mondiale.

« C'est bien la gloire propre du Mikado d'avoir groupé autour de la couronne les conseillers émérites, ses véritables maréchaux, ceux qui ont mené ses négociations et ses conseils. Mais nous cherchons vainement à interroger des archives inexistantes ou rigoureusement fermées, des mémoires qui ne sont pas écrits et que nul ne se permettra de réserver pour la postérité. Il n'y a pas de Saint-Simon au Japon, encore moins de Dangeau. C'est la patrie de l'action intégrale qui se borne à nous notifier par les résultats ce qu'elle résout et ce qu'elle exécute. Le Mikado n'a jamais eu le goût d'une publicité qui flatte l'amour-propre des vaniteux, mais qui n'est capable que d'affaiblir les desseins profonds et de faire échouer les plans les plus grandioses. »

M. Pierre Leroy-Beaulieu qui a vu le Japon au cours de son évolution à la veille de la campagne contre la Russie et qui depuis l'a suivi de près, termine ainsi son article de l'*Economiste Français* du 3 août :

« En définitive, ce fut un prince très attaché à ses devoirs, certainement intelligent et bon. Il semble bien qu'il ait pris une réelle part aux actes si remarquables accomplis sous son règne par ses ministres successifs avec un esprit de suite, qu'il a dû contribuer à assurer. Il vivra dans l'histoire et, certes, il le mérite. Son fils et successeur, élevé autrement que lui pour les devoirs que les éducateurs du Mutsu-Hito n'avaient pu prévoir et qu'il a cependant si admirablement remplis, aura une tâche à certains égards plus aisée, mais plus difficile à d'autres, car l'auréole quasi-divine du vieux Mikado se trouvera atténuée. Il faut espérer seulement qu'il la remplira avec la même conscience que le monarque qui vient de disparaître. »

Nous demandons aussi à M. Pierre Leroy-Beaulieu la permission de citer ce passage de son étude précédant sa conclusion :

« On sait que Mutsu-Hito présidait personnellement son Conseil des ministres dans toutes les circonstances importantes et qu'il n'hésitait pas à y demander des renseignements et à donner son avis lorsqu'il le jugeait nécessaire. Lorsque des mesures graves étaient en preparation il ne manquait jamais aux séances, si nombreuses fussent-elles. Lors de l'établissement de la Constitution, qui nécessita de très nombreuses réunions, il les présida toutes, malgré la mort à ce moment d'un fils âgé de trois ans (et l'on sait quel tendre attachement tout Japonais a pour ses enfants). Pendant la guerre sino-japonaise, il s'était établi à Hiroshima, ville relativement secondaire du Sud-Ouest. Nous avons vu la maison qu'il y occupait et son cabinet de travail, pieusement conservé dans l'état où il se trouvait lorsque l'empereur y séjournait. On ne saurait imaginer rien de plus simple, de plus spartiate, et comme on voulait, au bout de quelque temps améliorer l'installation, Mutsu-Hito s'y opposa, disant que les dépenses à faire étaient nombreuses et que celle-ci était inutile. »

M. Robert de Caix ne pouvait manquer d'étudier l'œuvre de l'ère du Meiji. Il l'a fait dans les *Débats* du 31 juillet avec la connaissance qu'il a du Japon. Les colonnes qu'il lui consacre sont d'un intérêt indiscutable. Aussi nous permettra-t-il de les reproduire ici intégralement. Pour ceux de nos lecteurs familiarisés avec l'histoire de l'Empire du Soleil Levant, elles seront un régal certain. Pour ceux qui n'ont pu guère pénétrer dans cette histoire, elles seront la lampe qui éclairera soudainement bien des points laissés, peut-être, un peu trop dans l'ombre dans les pages qui précèdent.

Ecoutons donc M. Robert de Caix :

« Aucun des souverains contemporains, pas même la reine Victoria ni Guillaume Iᵉʳ d'Allemagne, n'aura assisté et collaboré à des changements comparables à ceux du règne du « Tennô », de « l'empereur céleste », qui vient de mourir, — le terme poétique de Mikado, qui veut dire à peu près « Sublime Porte », employé généralement par les Occidentaux, n'est guère en usage au Japon. En 1867, quand Mutsu-Hito succéda à l'empereur son père, le Tennô n'était guère qu'un personnage hiératique, presque une idole, relégué depuis des siècles par les Shoguns, en dernier lieu par la dynastie des Tokugawa, dans le palais impérial de Kyôto. Le Japon était alors une féodalité dont les seigneurs étaient les Daïmyo et leurs chevaliers les Samuraï : les hommes aux deux sabres. Après les quarante-cinq ans du règne de Mutsu-Hito, l'empire du Soleil Levant est devenu une grande puissance moderne, il tient rang avec les nations les plus avancées et fait figure de pays constitutionnel.

« Pour se rendre compte de la forme qu'a prise cette rénovation, il faut comprendre ce qu'était, ce qu'est encore en principe, la conception de la monarchie japonaise. Le Tennô est le descendant direct de Jimmu, le dernier des dieux qui ordonnèrent le Chaos et créèrent le Japon, et le premier empereur qui régna sur cette terre privilégiée, il y a un peu plus de vingt-cinq siècles. La tradition, aidée, dit-on par quelques élagages d'archives gênantes, admet la continuité de cette lignée qui fait de l'empereur l'héritier de la famille des dieux, et, en particulier de la déesse solaire, Amaterasu, la plus populaire des figures du Panthéon japonais. C'est lui qui rend, pour son peuple, le culte à ses divins ancêtres. Comme le Fils du Ciel qui règne dans la Chine voisine, dont les conceptions commencèrent à façonner la civilisation japonaise vers le second siècle de notre ère, il est le grand sacrificateur, intermédiaire nécessaire entre son peuple et les dieux. Aussi les personnages qui eurent la force de dominer le Japon ne purent-ils se substituer formellement à l'empereur — là les maires du palais n'auraient jamais songé à prendre la place des Mérovingiens. Ils s'emparaient de la réalité du pouvoir dont les attributions divines et sacerdotales restaient au Tennô. Il est à remarquer d'ailleurs que c'est un peu ce qui vient de se passer en Chine où la République a contraint l'empereur à abdiquer mais en lui conservant ses fonctions rituelles. Le contraste que remarque le visiteur entre les deux palais de Kyôto semble symbolique de la différence de ces deux puissances : la force matérielle du gouvernement et la force morale et religieuse du descendant des dieux nationaux. L'un, celui des Shoguns Tokugawa, couvre ses panneaux et ses poutres d'une décoration admirable, somptueuse, mais presque surabondante : dans le cadre extérieur tout pareil du palais du Tennô, comme l'autre simple construction japonaise de bois couverte de tuiles noires ou d'un chaume épais et s'ouvrant sur des jardins délicieux, on trouve une sobriété exquise de décors et on pourrait presque dire l'immatérialité des principes qui s'imposent par eux-mêmes.

« C'est à ce principe que recoururent les Japonais créateurs de l'ère nouvelle, Le Meiji, le « gouvernement clair ». Leur révolution ne fut en réalité que la restauration de cette éclatante Légitimité : au spirituel qu'elle n'avait jamais perdu, ils ajoutèrent le temporel. Depuis quelques années, le Japon était contraint de sortir de l'isolement où les Tokugawa l'avaient jalousement maintenu. Le commodore américain Peary arrive au Japon en 1854 et *Ba-ku-fu*, le gouvernement des Shoguns, ne peut lui refuser un traité de commerce autorisant l'établissement des étrangers dans quelques ports. L'Angleterre, la Hollande, la France obtiennent peu après des traités analogues. Les Japonais s'irritent de devoir admettre ces étrangers, qui ne connaissent et ne respectent pas toujours les formes de la vie nippone. Les hommes aux deux sabres font expier d'une manière sanglante à quelques-uns d'entre ces Occidentaux des manquements sans doute involontaires : c'est ainsi que, des marins français ne s'étant pas prosternés sur le passage du cortège d'un Daïmyo, ses samuraï firent voler la tête de ces barbares incivils par ignorance. Après un certain nombre d'accidents de ce genre, une escadre combinée anglaise-française-hollandaise et américaine bombarda Shimonoseki, en 1864.

« Cet outrage émut profondément le pays nippon. Quelques Samuraï comprirent qu'il fallait chercher chez les étrangers le secret de la puissance qui les rendait si dangereux. C'est ainsi que Ito et Inouyé, bravant les édits des Shoguns qui punissaient de mort toute tentative pour quitter le pays, réussirent à s'embarquer pour l'Angleterre. En 1867, Mutsu Hito devint Tennô, presque en même temps, le grief d'incapacité en face de l'étranger et quelques autres provoquèrent contre le Ba-ku-fu le soulèvement des clans du Sud. Ils se proclamaient les champions du Tennô contre le Shogun usurpateur et, en 1868, leur victoire assurait l'ouverture de l'ère nouvelle.

« Celle-ci fut consacrée à une modernisation rapide de l'Etat japonais. L'empereur se transporte à Yédo, la capitale des Shogun, qui devient Tôkyô. Les fiefs de Daïmyo et les castes qui se divisaient la population japonaise sont abolis en 1871. Des provinces nouvelles effacent les divisions anciennes. En 1877 un édit impérial interdit le port de deux sabres ; les Samuraï du clan de Satsuma, dans l'île de Kiu-Shiu, se révoltent contre cette humiliante interdiction mais sont écrasés. Toute une organisation administrative est élaborée, surtout sous la direction d'Ito, le principal et le plus intelligent peut-être des créateurs du Meiji. Des codes modernes rédigés en grande partie par un Français sont promulgués. Enfin, après un essai de Sénat consultatif, fait dès 1872, une Constitution est donnée au Japon, le 11 février 1889, par l'empereur, fils des dieux. Un Parlement est institué avec une Chambre des représentants élue au suffrage censitaire et une Chambre des pairs composée de princes de la famille impériale, de délégués de la noblesse médiatisée depuis 1871, et de personnages désignés par l'empereur. La manière dont toutes les classes du pays ont accepté définitivement cette complète transformation du vieux Japon peut se mesurer à ce fait qu'un prince Tokugawa, proche parent du dernier Shogun, rentré dans le rang des nobles japonais, préside la Chambre des Pairs. Sans doute la nature sacrée de la légitimité de la Maison Impériale jamais contestée, même par le Shogun, explique ce « ralliement » remarquable ; elle seule peut nous rendre compréhensible une situation un peu analogue à ce qu'aurait été chez nous celle de « l'Aiglon » acceptant d'être président de la Chambre des Pairs de Charles X.

Quelle a été la part de Mutsu Hito à cette œuvre de rénovation? Nul, sauf ses conseillers, ne saurait le dire car, malgré beaucoup d'atténuations portées à l'ancien hiératisme, le Tennô, dont la filiation divine est encore admise par une partie au moins du populaire, vit, plus isolé qu'un souverain d'Occident dans son palais, qui remplit toute une partie de la capitale et que défendent plusieurs enceintes de ces fossés à lotus et de ces remparts plantés de pins qui constituaient les anciennes forteresses japonaises. Cependant, les plus informés admettent que l'influence personnelle de Mutsu Hito n'a cessé d'être considérable. Pour comprendre comment elle a pu s'exercer, il faut se rendre compte de ce qu'est encore, en réalité, le gouvernement du Japon, sous les apparences constitutionnelles.

« Ceux qui croiraient qu'il ressemble dès maintenant à celui des démocraties de l'Occident se tromperaient d'une manière complète. Il faut observer que l'ouverture d'un Parlement a succédé à la création de toute une armature administrative solide : c'est même ce qui distingue la réforme japonaise, qui a réussi, de la révolution chinoise, dont l'avenir reste si douteux. L'une fut l'œuvre d'un gouvernement fort, conscient de son but, qui réglait à son gré les étapes : l'autre est le fait d'une petite minorité de théoriciens, dirigeants divisés, sans racines profondes dans le pays, et dont l'autorité est jusqu'ici accidentelle et précaire. Aussi, au Japon, est-ce l'empereur qui est resté le centre du gouvernement et le Parlement n'est encore qu'un rouage secondaire. Si la Constitution a été octroyée au pays nippon, c'est peut-être pour mieux effacer les organisations et divisions du passé, sans doute aussi pour obéir à ce besoin d'imiter cet Occident d'où vient aujourd'hui la lumière, on pourrait presque dire à ce goût de « l'instar » si sensible dans l'Extrême-Orient contemporain. Mais le milieu moral est encore tel que le Parlement ne se permettrait guère d'user des droits que lui donne la Constitution pour s'opposer à ce qui se manifesterait comme la volonté certaine du souverain. Les partis politiques ont encore une existence et une différentiation incertaines : ce sont moins des divisions par idées que des groupes assez instables de politiciens. A certaines heures, notamment pendant les semaines de tension d'où sortit la guerre avec la Russie, le Parlement se trouva mis en vacances. On le réunit seulement pour lui faire sanctionner par des votes de crédits ce qui avait été décidé dans le vrai gouvernement du pays, le conseil intime de l'empereur. C'est dans le souverain qu'est restée concentrée la vraie autorité morale. La réforme japonaise, faite sous l'inspiration d'un souci de préservation nationale et nullement sous l'influence des idées démocratiques de l'Occident, n'avait rien fait pour le lui enlever. La politique religieuse du Meiji, entre autres choses, suffirait à le prouver : elle a fait déchoir le bouddhisme de son rang de religion d'Etat, elle a remis en honneur le shintoïsme qui n'est que le culte de la terre nationale et des ancêtres de la race, dont les premiers sont les dieux pères du Tennô.

« L'entourage immédiat du souverain devait donc conserver la plus grande autorité. Mutsu Hito a gouverné avec les *Genro*, les anciens hommes d'Etat qui ont fait la restauration, les Ito, les Inouyé, les Yamagata et d'autres. Ces personnages, avec en plus une nuance de violence au besoin sanguinaire qui s'est manifestée dans quelques extraordinaires aventures, font un peu songer, par leur culture, leur patriotisme et leur énergie de décision, aux hommes à la fois cultivés et vigoureux du *risorgimento* italien. Mutsu Hito les a toujours maitenus ; il a continué, me disait-on au Japon, à s'appuyer sur ces auteurs de son règne, même lorsqu'ils avaient commis quelque erreur. La continuité, la force et la prudence de la politique japonaise s'expliquent en grande partie par la fidélité qu'il a gardée à ses conseillers ; l'honneur et l'efficacité de son règne rappelleraient un peu les mérites de Louis XIII, que rien ne put détourner de gouverner avec Richelieu.

« Mais une grave question se pose à la mort du premier empereur du Meiji : un tel régime pourra-t-il continuer ? Tout d'abord le caractère du prince héritier Yoshi-Hito, âgé de trente-trois ans, est une inconnue. Il ne passe généralement pas pour avoir une très forte personnalité. Mais surtout c'est le milieu qui change lentement mais irrésistiblement et la génération des temps héroïques qui passe. Les vieux *genro* sont presque tous morts et si des hommes de grande valeur comme le prince Katsura peuvent les remplacer dans les Conseils de l'empereur, peuvent-ils se substituer à eux dans le respect absolu, on doit même dire le consentement unanime de la nation ? Le prestige du gouvernement impérial reste immense dans ce pays qui a été réformé, développé, conduit à la victoire dans deux grandes guerres depuis l'établissement du Meiji. Mais, pas plus sans doute là que dans l'Allemagne profondément loyaliste et respectueuse des années qui ont suivi l'Unité et l'Empire, le prestige du passé ne pourrait indéfiniment contrebalancer, surtout sous un nouveau règne et avec une génération nouvelle, les aspirations très différentes du présent. L'influence du Parlement doit grandir à mesure que l'on s'éloignera des temps héroïques du Meiji. La légende du Tennô d'origine divine s'évanouit peu à peu des croyances japonaises. Cette divinité s'en va comme tant d'autres.

L'individualisme occidental, mal adapté à ces civilisations, bat en brèche la hiérarchie et le respect confucianistes. Le Japon a déjà ses socialistes fanatiques, ses anarchistes, voire même ses féministes. Les dirigeants cherchent sagement à réagir : pour ce qui est de la vie de famille, du rôle de la femme, de l'éducation, on s'efforce de revenir sur certaines tendances novatrices pour maintenir les conceptions du vieux Japon. L'empereur lui-même, remplissant ce rôle paternel que la philosophie chinoise a fait attribuer aux souverains dans tout l'Extrême-Orient, a voulu prémunir son peuple contre le danger d'un changement de mœurs. Mais ses édits, malgré tout le respect théorique qu'on leur accorde, n'ont pu empêcher un luxe et un besoin de jouir naguère inconnus d'envahir la société japonaise. Les vieilles mœurs s'en vont peu à peu et c'est maintenant, avec les générations nouvelles qui n'ont pas vu se lever l'aurore du Meiji, que va commencer la profonde crise pour le Japon qui n'avait guère fait jusqu'ici qu'adapter une organisation et une armure occidentales à un peuple encore tout imbu de ses conceptions propres et dominé par l'idéal samuraï. L'avenir de l'œuvre du règne de Mutsu Hito n'est pas plus assuré que celui d'aucun autre effort humain. Mais on ne saurait, quel qu'il doive être, voir ce règne se clore sans rendre hommage à la discipline, à la continuité de vues, à la rare énergie qui ont caractérisé cette génération de Japonais, qualités que l'empereur qui vient de disparaître sut discerner, favoriser et utiliser sans défaillance pour le plus grand bien de son pays. »

## VIII

Dans sa page de l'*Illustration* M. J. C. Balet disait :

« Les restes du grand souverain iront bientôt reposer sur la Montagne des Pêchers (Momoyama) près de Kyôto, non loin de la tombe de Kwammu-Tennô (fondateur de Kyôto), sur l'emplacement d'un palais illustré par le grand Taikô Hideyoshi. En vain la municipalité de Tôkyô a essayé de disputer sa tombe aux traditions. Les traditions l'ont emporté. Seule, la cérémonie funèbre sera célébrée au champ de manœuvre d'Aoyama, mais Kyôto aura le corps. Un temple sera la consolation des citoyens de Tôkyô, un temple qui sera le rival de ceux d'Isé où l'on vénère de très nébuleux ancêtres impériaux. »

Ce qui a avant tout fait pencher la balance en faveur de Kyôto, c'est l'affection toute particulière que Meiji Tennô avait toujours eue pour Momoyama. C'est pour ainsi dire lui qui avait de la sorte désigné là où il voulait reposer.

Et c'est un mois et demi après sa mort que devaient se célébrer ses obsèques avec une pompe qui a fait dire à un journal de Paris que l'Europe d'aujourd'hui ne saurait jamais en connaître de pareilles.

L'*Agence Havas* publie le récit suivant de ces funérailles :

Tôkyô, le 13 septembre :

« Le corps de l'empereur Mutsu-Hito a été transporté du palais impérial au terrain de parade d'Aoyama, à la nuit, un peu après huit heures du soir. Ce transfert a donné lieu à des scènes étranges et impressionnantes.

« La foule a commencé à s'assembler dès minuit. Beaucoup de personnes étaient venues des endroits les plus éloignés du Japon. A dix heures du matin, des milliers de curieux étaient assemblés et les rues étaient tellement remplies que la police a dû établir des cordons pour en interdire l'accès.

« Les ministres, les hauts fonctionnaires, les membres des deux Chambres de la Diète et les hauts personnages ayant le privilège d'assister aux funérailles, ainsi que les membres du corps diplomatique, avaient des places assignées à l'entrée du palais où ils formaient la haie. Tous étaient en grand uniforme ou en vêtements de deuil, avec des nœuds de crêpe ou des brassards.

« Un feu de bivouac avait été allumé dans la cour du palais, tandis que des torchères brûlaient aux angles, et c'est à leur lumière vacillante que le char funèbre, traîné, suivant une coutume immémoriale, par cinq bœufs, a été amené à l'entrée de la cour et que le cercueil y a été placé.

« Le cercueil, composé de plusieurs coffres, rentrant les uns dans les autres, était de grandes dimensions, mesurant près de dix pieds sur cinq, et pesant une tonne et demie. Il a été transporté jusqu'au char funèbre sur des rails de bois, qui l'ont amené au niveau du plancher du char. Il était recouvert d'une étoffe d'une blancheur immaculée et d'un tissu extrêmement riche et lourd.

« Le char, construit spécialement pour la circonstance, était un véhicule à deux roues de construction très massive, pesant à peu près le même poids que le cercueil. Les roues et les timons étaient peints en noir, ainsi que l'intérieur du char, qui était en forme de caisse, et revêtu d'une épaisse plaque de cuir.

« Cette caisse était surmontée d'une barre longitudinale aux extrémités retournées en l'air. Ce type particulier de char est incontestablement originaire de Chine. Des véhicules présentant le même aspect général sont encore en usage à Pékin. Les roues étaient construites de façon à produire en tournant sept sons différents, mais également plaintifs. Cette construction spéciale est le privilège exclusif d'une famille de charpentiers de Kyôto, dont les ancêtres ont construit de nombreuses bières pour la cour impériale. Cet étrange attelage a été mis en mouvement à l'arrivée de cinq fonctionnaires de la commission des funérailles, revêtus de l'ancien costume de deuil national, se composant d'une robe de dessus de nuance marron, de pantalons flottants de couleur sombre et de coiffures de soie noire dites kammuri.

« Les cinq bœufs avaient été choisis spécialement pour aller avec les couleurs adoptées depuis une très haute antiquité pour les funérailles impériales : le bœuf de limon était noir et blanc avec les pattes du devant blanches ; les autres étaient par paires composées d'un brun avec un noir et d'un noir avec un blanc. Suivant l'ancienne coutume, les cinq plus jeunes fonctionnaires de la cour devaient recevoir chacun un de ces bœufs, mais cette fois-ci, cela ne se fera pas, bien que ces animaux doivent être maintenant « pensionnés » et gardés dans des pâturages impériaux jusqu'à leur mort.

« Le cercueil a été transporté du grand hall au char funèbre en cortège solennel, à la tête duquel marchaient les chambellans portant des flambeaux allumés. Venaient ensuite le grand-maître des cérémonies et le chef de la maison impériale, comte Watanabe ; celui-ci portait l'épée de l'empereur, tandis qu'à droite et à gauche du cercueil marchaient les grands officiers de la maison de l'empereur défunt, portant chacun un flambeau allumé. Quand le cercueil a été placé dans le char, l'épée de l'empereur a été déposée à la tête du cercueil sur un petit plateau en bois blanc. Les portes ont alors été fermées, tous les flambeaux ont été éteints, tandis que les huit cents torches qui devaient être portées dans le cortège étaient allumées.

« L'empereur, portant le grand uniforme de Daigensui ou commandant en chef de l'armée et de la marine, avec un crêpe ; l'impératrice et l'impératrice douairière, le prince héritier et ses deux jeunes frères, ainsi que le jeune prince de Corée, suivirent le cercueil jusqu'à la grande grille du palais ; mais là, ils se séparèrent du cortège, après quoi ils partirent pour le terrain de parade d'Aoyama par une route différente de celle que suivait le cortège, afin de pouvoir recevoir à son arrivée la dépouille impériale.

« L'impératrice et l'impératrice douairière, qui portaient le matin un costume européen, avaient maintenant une toilette de cour du pays, faite en tissu de chanvre, la partie supérieure étant d'un brun foncé et la jupe orange mat. Les dames de la cour étaient habillées d'une manière semblable, mais ni l'impératrice, ni l'impératrice douairière, ni les dames de la cour n'avaient arrangé leur chevelure, les instructions officielles étant « chevelure défaite ».

« Le grand cortège s'est maintenant mis en marche.

« Parmi ceux qui tenaient les cordons du poèle se trouvaient les généraux Oku et Kuroki, l'amiral Togo et d'autres officiers supérieurs de terre et de mer.

« Dans la garde d'honneur figuraient cinq cents marins anglais, sous les ordres du vice-amiral Winsloe. Le nombre des troupes formant la haie était d'environ vingt-cinq mille hommes.

« La garde militaire d'honneur se composait de représentants de toutes les différentes divisions de l'empire, ainsi que celles se trouvant en Corée, Mandchourie, à Formose et à Sakhaline, le total s'élevant à vingt mille hommes. La division entière de la garde du corps impériale escortait le cercueil, tandis que les autres étaient rangées en colonnes des deux côtés de la route.

« La garde navale d'honneur comptait environ 10 000 hommes. Tous ceux qui étaient dans le cortège étaient à pied, même les cavaliers et les artilleurs de l'escorte. Le cortège proprement dit s'ouvrait avec des groupes successifs de membres de la commission impériale des funérailles et de ritualistes, mêlés à des groupes de fidèles et de familiers qui se succédaient presque à l'infini et qui portaient des bannières blanches et jaunes, des arcs et des flèches, des boucliers, des hallebardes et autres ornements de guerre, la bannière du soleil, celle de la lune, des coffrets d'offrandes et des bandelettes de papier (go-hei). A de fréquents intervalles se succédaient également des groupes de musiciens jouant de diverses sortes d'instruments anciens. Chaque groupe était séparé de l'autre par des porteurs de torches.

« Venaient ensuite les officiers subalternes de la maison impériale et, précédant immédiatement le cercueil, le grand-maître des cérémonies et le ministre de la maison impériale, tous deux en robes anciennes de chanvre de couleur noire.

« Le char funèbre, avec ses cinq bœufs, conduits par deux toucheurs en chef et cinq assistants, était entouré d'un brillant groupe d'officiers supérieurs de la marine et de l'armée de terre, tous en grand uniforme, avec des brassards de crêpe, et de dignitaires de la cour, parmi lesquels un grand chambellan portant les sandales de l'empereur. Venaient ensuite S. A. I. le prince Kan-in, représentant le nouvel empereur, et S. A. I. le prince Fushimi, président de la commission impériale des funérailles, qui, bien qu'ayant le grade de général, portait la même robe noire en tissu de chanvre dont étaient revêtus les autres membres de la commission, et aussi de nombreux officiers de hauts grades.

« Ensuite venaient les princes du sang, les ministres, les pairs coréens, les délégués de la Chambre des pairs et de la Chambre des représentants, de hautes notabilités et des gardes d'honneur de l'armée et de la marine, fermant le cortège. Tous les officiers et dignitaires, revêtus de l'ancien costume national, portaient des planchettes de bois entourées de papier blanc.

. « La municipalité s'était chargée de la décoration des rues à travers lesquelles est passé le cortège funéraire et y avait consacré une somme de 250 000 yen (625 000 fr.).

« Depuis l'entrée impériale du palais, sur le Niju-Bashi, jusqu'à la barrière Babasaki, de l'enceinte du palais, le cortège passa entre des « sakaki » (arbres funéraires) hauts de sept mètres et distants de quatre mètres les uns des autres. Au sommet de ces arbres flottaient des « go-hei » ou longues banderolles de papier noir et blanc. Entre les arbres brûlaient des torches composées de trois tiges résineuses, ajustées dans des brasiers fixés sur des trépieds hauts de deux mètres et demi. De plus, dix séries de puissantes lampes à arc étaient installées à vingt mètres l'une de l'autre, suspendues au milieu de la voie, entre des poteaux élevés.

« Entre la barrière Babasaki et le terrain de parade, avaient été dressés, tous les sept mètres, des poteaux de dix mètres de haut portant à leur sommet des lampes à arc de 1 200 bougies. Alternant avec les lampes, se dressaient tous les sept mètres des mâts vénitiens, enveloppés du pied au sommet de papier noir et blanc. A mi-hauteur, chacun portait une couronne de cyprès, et, au sommet une oriflamme. Tous les mâts étaient reliés entre eux par une corde enroulée dans du papier blanc et noir descendant jusqu'à terre.

« Sur l'ordre de la municipalité, toutes les maisons de Tôkyô avaient arboré des lanternes funéraires. Beaucoup d'entre elles étaient celles de la Société de la Croix-Rouge (une simple lanterne en papier blanc avec bordure noire au sommet et l'emblème de la Société sur les faces). D'autres maisons, dont les propriétaires n'étaient pas membres de la Société, avaient arboré une lanterne blanche avec bordure noire et, sur la face d'avant, portant une inscription japonaise qui signifie : « Nous portons le deuil de notre empereur. » Il y a tant d'habitants sans ressources que beaucoup n'avaient pu réunir les quelques « sen » nécessaires pour l'achat d'une lanterne et que la municipalité en a dû faire distribuer plusieurs milliers.

« La procession traversa lentement les terrains attenants au palais, jusqu'au grand Double-Pont (Niju-Bashi) qui traverse les remparts circulaires et où passent seuls l'empereur lui-même et les ambassadeurs, ou bien les personnages noblés au jour de l'an.

« Le bruit de la musique funéraire japonaise, à laquelle, en particulier, la petite flûte en bambou appelée *shohichiriki* avec ses accents extrêmement gémissants et pénétrants, faisait produire un effet impressionnant, annonça l'approche du cortège à la foule qui remplissait le grand espace ouvert au-delà du pont. Les torches fumantes, les notes tantôt basses, tantôt élevées de la musique japonaise, les mouvements rythmiques des soldats, la marche lente de centaines d'hommes sur la voie caillouteuse, les costumes anciens des fonctionnaires de la Cour, les brillants uniformes des gardes, tout cela s'avançant au milieu d'une mer humaine d'où ne s'élevait d'autre bruit que celui de la musique et par moments celui des sanglots, constituait un spectacle singulièrement impressionnant.

« La grande ville était silencieuse ; il n'y avait plus que la foule massée sur cinq kilomètres, derrière un cordon de troupes, jusqu'à Aoyama. Il est impossible d'évaluer à combien d'hommes s'élevait cette foule.

« A l'extrémité supérieure du terrain de parade, un hectare environ était occupé par les constructions spécialement dressées pour la cérémonie. A l'extrémité nord de cet espace réservé se dressait le « Sojoden » ou hall funéraire, destiné à recevoir le cercueil et à la célébration des cérémonies funèbres. Il a la forme d'une chapelle, est ouvert par devant et drapé sur le derrière et sur les côtés de rideaux blancs.

« Des deux côtés avaient été élevées des constructions destinées à l'empereur et à la famille impériale, aux ritualistes et aux musiciens, et plus loin du « Sojoden » se dressaient deux bâtiments couverts, longs de deux cents mètres et distants de quarante mètres, orientés du Nord au Sud et occupés par des personnages de haut rang avec leurs femmes. Le nombre des dames japonaises assistant à la cérémonie était très important. Des places avaient été réservées au corps diplomatique dans ces bâtiments. Toute la scène était brillamment éclairée par des centaines de lampes à arc.

« Lorsque la tête de la procession est arrivée à la première porte « Torii », les gardes d'honneur de l'armée et de la marine ont formé la haie. Les tambours, gongs et oriflammes jaunes et blanches bordaient la route des deux côtés, entre le premier et le second « Torii ».

« Les porteurs de hallebardes, de boucliers et d'arcs se sont postés en dedans de la seconde porte, et les bannières du soleil et de la lune, avec de grands arbres sacrés que l'on porte dans les processions funéraires, ont été placés des deux côtés en avant du « Sojoden ». Les ritualistes officiants, dont certains nobles et même de rang princier, se sont disposés à ce même moment autour du « Sojoden ».

« L'infant Alphonse, le général Lebon et les représentants étrangers, étaient allés directement au Champ-de-Mars et n'avaient pas assisté à la cérémonie du Palais.

« L'impératrice douairière a accompagné la dépouille mortelle seulement jusqu'au portail du palais, les médecins lui ayant conseillé de ne pas assister à la cérémonie d'Aoyama, en raison de la fraîcheur de la nuit.

« A minuit on a entendu un coup de canon, c'était le moment suprême de la cérémonie à Aoyama, lorsque l'empereur et l'impératrice firent acte d'adoration devant la bière.

« Tous ceux qui étaient assemblés au Champ-de-Mars se tenaient debout, la tête inclinée, et des milliers de *cloches* dans les temples bouddhistes et les églises chrétiennes sonnaient de minute en minute. Par dessus tout, on entendait la sourde répercussion des canons sur la terre et sur la mer.

« Le service a été célébré dans le Pavillon du Palais destiné à être comme la chapelle ardente impériale et où le corps avait été transporté le quinzième jour après la mort, et dans lequel tous les dix jours depuis ce moment des services solennels ont été célébrés en mémoire du défunt et des sacrifices faits à l'Esprit de Mutsu-Hito.

« Après que chacun eut pris place, le rideau qui était tendu devant le catafalque a été levé par les ritualistes, pendant que l'orchestre shintoïste jouait une musique très douce.

« Le chef ritualiste et ses assistants ont alors présenté les offrandes des mets consacrés, l'accompagnement de musique shintoïste résonnant sans cesse. Puis ce furent les autres offrandes, consistant en étoffes rouges et blanches, contenues dans des paniers d'osier.

« Se plaçant au centre, devant le catafalque, le chef ritualiste récita les prières pour le défunt, puis chacun, à tour de rôle et par ordre de préséance, l'empereur, l'impératrice, l'impératrice douairière, les princesses et les princes de sang impérial s'avancèrent et adorèrent l'esprit du défunt empereur.

« Après le départ des membres de la famille impériale, les cortèges impériaux se sont reformés dans le même ordre qu'à l'arrivée. Les autres membres de l'assemblée ont alors adoré l'esprit de l'empereur défunt, et quand tous l'eurent fait, les ritualistes se sont avancés jusqu'à l'autel et ont retiré les offrandes, pendant que la musique shintoïste recommençait de se faire entendre.

« Quand toutes les offrandes eurent été enlevées, le chef ritualiste a abaissé de nouveau le rideau devant le catafalque impérial, et le service a pris fin.

« Après le service funèbre à Aoyama le train emportant la dépouille mortelle de l'empereur Mutsu-Hito à sa dernière demeure est parti pour l'ancienne capitale du Japon. De Kyôto, il s'est rendu au domaine impérial de Momoyama, situé à sept kilomètres au sud de la ville.

« Un grand nombre de fonctionnaires, de pairs, de membres de la Chambre des représentants et d'autres notabilités attendaient à la station. Le domaine est en partie couvert de collines boisées, dont la principale, haute d'environ 300 pieds, était considérée comme la demeure des dieux. Ses énormes sapins n'ont pas été coupés depuis des siècles. C'est le sommet de cette colline, d'où l'on a une vue splendide sur la contrée avoisinante, que l'on a choisi pour être la dernière demeure de l'empereur.

« En raison de l'escarpement et de la nature rocailleuse du sol, une route bétonnée a été construite de la gare au Sojoden (sanctuaire temporaire), qui a été érigé, ainsi que d'autres bâtiments destinés à abriter les invités, sur un terrain à peu près plat. De chaque côté de cette route, on a installé de puissantes lampes à arc ; les câbles qui les alimentent sont entourés d'étoffe noire et blanche ; à mi-hauteur de chaque poteau est accrochée une bannière transversale avec d'énormes banderoles noires, dont les extrémités sont nouées aux guirlandes posées à la partie inférieure des poteaux.

« Du train funèbre, l'imposant cercueil a été porté au Sojoden, entre une double haie de soldats de chaque côté, sur un palanquin dont les forts brancards dépassent à chaque bout. Les porteurs qui se relayent par équipe de 50 hommes chacune, ont été choisis parmi les jeunes fermiers des environs de Kyôto ; les uns portent les brancards, les autres tiennent de longues cordes attachées aux quatre coins supérieurs du palanquin pour le maintenir en équilibre.

« Lorsque le palanquin arrive près du Sojoden, la princesse Kan-in, représentant l'impératrice, et la princesse Higashi-Fushimi, représentant l'impératrice douairière, sortent de leurs salles d'attente à sa rencontre. Les cérémonies qui se déroulent ensuite sont à peu près semblables à celles qui ont eu lieu sur le Champ-de-Mars d'Aoyama. Le prince Kan-in, représentant l'empereur, a lu une adresse au monarque défunt ; des adresses ont également été lues par les représentants de l'impératrice, de l'impératrice douairière, des princes impériaux et d'autres personnages.

« Un incident remarquable a été la manière dont s'est accompli le dernier acte du transport du cercueil à la place élevée où il allait être déposé. Le Sojoden et les autres bâtiments installés pour la cérémonie sont situés un peu au-dessous du sommet de la colline. A cet endroit la colline est si escarpée que dans cette courte distance de cinquante mètres environ, le sol s'élève de 84 pieds. Afin d'éviter toute possibilité d'accident, l'énorme bière contenant les restes de l'empereur n'a pas été transportée le long de cette pente par les porteurs, mais a été placée sur un chariot qui a été hissé au sommet au moyen d'un court chemin de fer funiculaire,

« La descente du cercueil dans le tombeau s'est faite en la seule présence des ministres des rites, des représentants de la famille impériale, des hauts commissaires des funérailles et de leurs aides nécessaires ; tous les autres assistants sont demeurés au pied du talus. Conformément à un antique usage, on a placé dans les quatre encoignures du tombeau des figurines d'argile d'environ 18 pouces de hauteur, appelées « Généraux Dieux » (haniwa) qui sont revêtues d'un costume en miniature, d'armures anciennes et qu'on a enfermées dans des coffrets de hinoki, espèce de thuya.

« Immédiatement après l'enterrement, on a brûlé le palanquin qui a transporté le cercueil, et demain sera célébré un service spécial pendant lequel ces cendres elles-mêmes seront enterrées dans l'enceinte du mausolée. Le char à bœufs dont on s'est servi hier, à Tôkyô, sera également brûlé et les cendres en seront enterrées dans l'enceinte du Palais ; même le wagon funéraire du train des obsèques sera mis en pièces et toutes les parties, sauf celles en métal seront brûlées. »


IX


« Une manière de sacrifice humain qui en dit long sur la survivance de l'ancien idéal et des vieilles mœurs dans certains milieux japonais a accompagné les funérailles du Tennô : le général Nogi et sa femme ont fait harakiri au moment où un coup de cánon annonçait que le cortège funéraire quittait le palais impérial. Ce drame s'est passé dans la maison de la famille Nogi, au quartier Akasaka. Le général et sa femme, ayant, disent les dépêches, revêtu le vieux costume japonais de cérémonie, burent le saké d'adieu dans des coupes dont l'empereur défunt avait fait présent au vainqueur de Port-Arthur, et, ayant ainsi accompli les rites, se sont tués devant un portrait drapé de deuil de Mutsu-Hito. Le général Nogi s'est coupé la gorge avec un sabre court, sa femme s'est plongé un couteau dans la poitrine.

« C'est un jeune étudiant logé chez le général qui, pénétrant dans la chambre tragique, découvrit le suicide. Pendant leur agonie, le général et sa femme firent preuve de la plus indomptable énergie. Une lettre adressée, dit-on, à l'empereur, a été trouvée près de leur cadavre.

« Pour comprendre cet acte, il faut se rappeler que Maresuke Nogi, fils d'un Samuraï du clan de Chôshu, avait lui-même reçu toute l'éducation d'un Samuraï. Son caractère était formé et il avait déjà dix-neuf ans quand l'ère nouvelle du Meiji s'ouvrit en 1868, abolissant au moins officiellement la plupart des lois du vieux Japon, entre autres le harakiri obligatoire, mais en laissant le culte profondément enraciné dans beaucoup de cœurs. Toute la vie de Maresuke Nogi fut pour maintenir en lui le vieil idéal : il ne cessa d'être un soldat jusqu'au couronnement de sa carrière. Il contribua, en 1877, à réprimer la rebellion de Satsuma, le clan qui refusait de se soumettre aux lois dont le but était de faire rentrer dans le reste de la nation la classe des hommes aux deux sabres dont il avait lui-même toute la mentalité. Il prit une première fois Port-Arthur pendant la guerre sino-japonaise de 1894-1895. Il gouverna ensuite Formose cédée au Japon par le traité de Shimonoseki. En mai 1904, il commença l'investissement de Port-Arthur que Stœssel lui rendit, le 2 janvier 1905, après les effroyables assauts qui avaient livré aux Japonais la colline de 203 mètres, position dominant la ville et le port où les débris de l'escadre russe achevaient de périr. Dans ces assauts mourut le second fils de Nogi — le premier avait été tué quelques semaines plus tôt : le vieux samuraï subit ce double deuil avec un stoïcisme de Spartiate. On se rappelle comment, un peu plus tard, le mouvement tournant exécuté à l'Ouest par son armée détermina la retraite de Kouropatkine après la longue bataille de Moukden.

« Après la guerre, le général Nogi, comblé de distinctions par son empereur, avait vécu dans la simplicité. Aucun de ceux qui ont pu rencontrer ce soldat n'aura oublié son abord. Tout dans sa personne témoignait de l'énergie concentrée, de la maîtrise de soi, qui était le but de l'éducation sévère donnée jadis au fils de Samuraï. Mais la politesse, la culture littéraire soignée, l'aménité bouddhiste qui étaient comme l'envers et l'adoucissement de cette austérité, marquaient son accueil.

« C'est cette culture et l'idéal qu'elle avait tenu devant son esprit pendant toute sa formation qui ont déterminé le geste par lequel il sort de la vie, imité par sa femme avec cette soumission chevaleresque que toute leur éducation inculquait aux Japonaises bien nées, suivant une vieille conception qui faisait du harakiri un honneur, un privilège de la Chevalerie des Samuraï, obéissant à l'idée, répandue dans tout l'Extrême Orient qu'il ne faut pas survivre à son honneur, qu'il est bon même de ne pas durer plus que son temps, idée où il semble persister quelques éléments de la conception des sacrifices humains. Nogi a estimé qu'il ne pouvait mieux servir son pays ni honorer son empereur qu'en accompagnant le Tennô défunt dans le séjour des ombres.

« On peut entrevoir dans certains des commentaires qu'inspire ce geste aux journaux d'Occident, une conception erronée de ce qu'est le Japon. Quelques journaux semblent croire que l'acte de Nogi serait facilement imité par tous les Japonais. Il ne faut rien exagérer : il y a dans l'empire du Soleil Levant un très grand nombre d'hommes prudents, jouisseurs, très volontiers économes de leur vie. Même dans la patrie des anciens Samuraï le harakiri est considéré comme chose excessivement héroïque. Mais, le fait est qu'en dépit des lois qui abolissaient cette coutume, de la condamnation officielle du suicide par le Japon nouveau — peut-être moins convaincu dans son for intérieur que désireux de se mettre « à l'instar » de l'Occident — le vieil idéal vit toujours dans les cœurs nippons. La sortie de Nogi sera trouvée très noble au Japon, et même partout où l'on admire les hommes qui savent vivre et mourir conformément à leur idéal. Elle éveillera certainement un sentiment de fierté dans une grande partie du peuple dont les jeunes gens et les jeunes filles montrent qu'ils admirent encore l'esprit de passionné dévouement féodal, qu'ils ont toujours au fond une morale de clan, par la manière dont ils ne cessent de décorer, dans un faubourg de Tôkyô, la tombe des quarante-sept ronin qui firent harakiri après avoir accompli leur héroïque vendetta. L'acte de Nogi, pour être plus serein, ne répond pas moins au même code de l'honneur, celui qui s'attarde encore dans les cœurs japonais et dont le remplacement si difficile et si incertain, est une des inquiétudes des dirigeants du Japon. »

Complétons cette belle esquisse du vainqueur de Port-Arthur et du vigoureux éducateur de l'École des Nobles de Tôkyô prise aux *Débats* par ces lignes empruntées au *Temps* :

« L'acte de l'illustre vainqueur de Port-Arthur, le général Nogi, se tuant avec sa femme au moment des funérailles de son empereur, vient confirmer d'une façon soudaine et éclatante un fait que de bons observateurs nous signalaient sans qu'on en saisît bien l'importance. C'est que, tout en ayant adopté très résolument notre civilisation matérielle, le Japon garde avec un soin jaloux sa vieille culture morale. Essayant de se rendre compte en quoi cette culture se distingue de la nôtre, l'Occidental qui l'a le mieux connue, le pénétrant Lefcadio Hearn, qui, comme on sait, a été longtemps professeur de littérature anglaise à Kumamoto et dans d'autres villes japonaises, rapporte que ses élèves lui demandaient très souvent : « Maître, dites-nous, s'il vous plaît, pourquoi on parle tant d'amour et de mariage dans les romans anglais; cela nous semble très, *très* étrange. »

« Ce n'est pas que les Japonais n'aient une littérature amoureuse importante, mais les rapports sentimentaux des sexes n'en sont pas moins tenus par eux pour un sujet d'étude d'ordre secondaire. Tandis que chez nous la préoccupation de « l'éternel féminin » domine entièrement notre art, que toute notre littérature d'imagination a l'amour pour thème à peu près exclusif, le présentant comme la grande source des joies et des douleurs de ce monde, l'inspiration de la poésie et du roman japonais est tout autre.

« Pour l'Oriental, la loi de la vie est le devoir. L'affection doit en tout temps et en tout lieu être subordonnée au devoir. » Dévouement au chef de la famille (lequel passe avant la femme et l'enfant) dans la vie privée, dévouement à l'empereur dans la vie publique, c'est à la description des complications que peuvent produire ces principes en lutte avec les passions et les événements que se consacrent les écrivains japonais. C'est pourquoi ils ont tant de peine à comprendre notre esprit et que nous n'avons pas moins de peine à comprendre le leur.

« Le devoir mis au premier plan a amené cette exaltation du suicide qui est le trait le plus original du caractère japonais. Il n'y a pas de manière meilleure de se mettre en état de l'accomplir que de ne pas tenir à la vie et d'être toujours prêt à en sortir. Toute l'éducation japonaise tend à habituer l'homme « à opposer sa libre volonté à la nature », comme il était dit dans l'*Honneur Japonais*, que l'Odéon jouait l'année dernière. Et comme pour donner une preuve de plus de ce triomphe de la volonté, les Japonais ont choisi le genre de suicide le plus atroce, l'ouverture du ventre qui entraîne d'affreuses douleurs. C'est conformément aux traditions nationales que le général Nogi et sa femme sont morts, voulant donner ainsi une dernière marque de leur amour pour leur souverain. Rien de supérieur ne se fait dans le monde sans sacrifice, et quelque étonnement que pourra causer celui-là chez les gens d'une autre civilisation, on ne pourra s'empêcher d'en admirer la grandeur. Il montre combien le Japon, quelles qu'aient été les transformations économiques et militaires auxquelles a présidé l'empereur Mutsu-Hito, reste fidèle à son idéal. D'après Lefcadio Hearn, les hautes classes qui peuvent le comparer au nôtre le trouvent autrement beau. « La vraie force morale et intellectuelle de la nation, son esprit le plus élevé, dit-il, résistent fortement à l'influence occidentale et des personnes qui sont plus compétentes que moi pour se prononcer sur ces matières, m'assurent que l'on observe cette résistance surtout chez des hommes supérieurs qui ont voyagé ou qui ont été instruits en Europe. »

> No ni yama ni
> Uchi-jini naseshi
> Masurao no
> Ato natsukashiki
> Nadeshiko no hana.

« Dans la plaine et sur la montagne, vestiges aimés des héros tombés frappés à mort, voici que s'épanouissent des fleurs d'œillets. »

Ainsi chantait au milieu même des travaux de la guerre le cœur de Nogi, s'évoquant à la vue de simples œillets qui s'ouvraient, ses deux fils « tombés frappés à mort. »

M. André Bellessort, finissait dans la *Revue Hebdomadaire* du 17 août son étude sur Mutsu-Hito d'une note toute personnelle par ces mots :

« D'ailleurs, le vieux Japon n'est pas encore enterré. Le veilleur du Palais Impérial qui l'autre jour se tuait et offrait ainsi sa vie pour le salut de l'Empereur agonisant agissait selon le rite et l'esprit des ancêtres. J'imagine que ce dévouement obscur aussi ancien que l'histoire japonaise, n'a pas été désagréable à l'âme de Mutsu-Hito qui descendait chez les morts chargée de triomphes et d'honneurs. »

Au moment même où son corps allait se confier à la terre aimée, il ne lui aura pas été non plus désagréable, certes, l'acte de l'illustre serviteur qui fait dire à l'un de nous, M. Westarp : « Entre nous Japonais, japonophiles et amis de l'Orient, je crois que nous devons nous féliciter de la grandeur d'esprit que vient de montrer le général Nogi. Que des hommes de cette sorte aident à la renaissance de tout l'Orient. »

X

Un monarque qui, arrivé au trône presque encore enfant, sent à son avènement craquer de toutes parts le moule trop vieux où ne fait plus que végéter son empire ; un monarque qui, doué de qualités publiques et privées ne se contrariant pas, préside au vertigineux essor de son pays sachant, sous la plupart des rapports, monter se placer en moins d'un demi-siècle auprès des premières puissances occidentales ; une existence de labeur, de discrétion, de sagesse, de délassements poétiques ; une fin soudaine donnant naissance à des scènes comme notre monde moderne ne saurait guère en offrir ; des funérailles nocturnes non moins grandioses et impressionnantes ; des sacrifices, comme celui de ce veilleur du Palais ; l'acte d'un Nogi ; l'unanimité dans les éloges, qu'ils viennent de son peuple ou de tout autre point du globe : tel, en résumé, se présente à nous Mutsu-Hito, l'Empereur du Meiji qui ne tardera pas sans doute à trouver au Japon, ou ailleurs peut-être, son Plutarque, pour traverser avec lui, non pas plus grand, mais toujours vivant, les siècles à venir.

EDME ARCAMBEAU,<br>Bibliothécaire<br>de la Société Franco-Japonaise de Paris.

ANGERS IMPRIMERIE ORIENTALE A. BURDIN ET Cⁱᵉ, 4, RUE GARNIER